C.

(à l'armée)

ABRÉGÉ HARMONIQUE

A L'USAGE DES ÉCOLES ET DES COURS PUBLICS

PAR

J. VIALLON.

PROFESSEUR DE COMPOSITION AU
GYMNASE MUSICAL-MILITAIRE

1852.

En rédigeant cet abrégé, notre but fut d'offrir 1° aux souscripteurs de notre *harmonie-complète* une sorte de memento portatif, facile à consulter, résumant en quelques pages la matière essentielle des trois premiers livres, c. à. d, le ***Fond***, la ***Forme*** et la ***Construction***; 2° aux non souscripteurs de cet ouvrage, sinon un moyen de s'en dispenser entièrement, au moins un auxiliaire utile avec lequel ils pourront à leur gré, ou travailler seuls ou suivre avec fruit et à peu de frais, les cours particuliers et publics que nous devons ouvrir successivement.

Nous espérons qu'on voudra bien nous pardonner ici quelque secheresse de langage qu'on ne pouvait absolument éviter dès qu'il fallait réunir, dans un très petit cadre, les aperçus divers d'un système nouveau.

Renvoi des leçons principales aux divers paragraphes de ce résumé.

N.B. Les leçons non citées, ne le sont pas parce qu'elles rappellent une théorie déjà connue ou parce que les renseignements nécessaires s'y trouvent suffisamment expliqués.

Fond.

Leçons		Parag.	Page
1	———	1	2
2	———	4	6
3	———	5	7
4	———	6	8
		3	5
5	———	10	10
6	———	11	12
7	———	12	15
8	———	2	5
9-10	———	12	15
		[illegible]	
		3	5
11	———	7	8
		10	10
12	———	16	17
13	———	17	18
18	———	18	18
19	———	42	42
20	———	6	8
		13	16
21	———	41	38
34	———	19	19
35	———	19	19
36	———	19	19
		15	17

Leçons		Parag.	Page
		29	20
37	———	15	17
		19	19
42	———	8	9
		10	10
47	———	41	38
54	———	22	21
55	———	23	〃
56	———	24	〃
58	———	26	22
59	———	27	27
60	———	27	〃
62	———	28	25
63	———	25	22
	Forme.		
1	———	29	29
3	———	38	34
4	———	37	33
6	———	30	29
11	———	31	30
16	———	32	〃
20	———	33	31
23	———	34	32
39	———	35	〃
41	———	36	〃
55	———	39	35

Leçons		Parag.	Page
50	———	40	37
65-64	———	11	12
	Constion		
1	———	47	53
2	———	〃	〃
3	———	〃	〃
8	———	48	53
		49	54
9	———	45	50
		38	34
10	———	45	50
		38	34
12	———	45	50
13	———	48	53
14	———	50	54
16	———	51	55
20	———	52	56
21	———	52	〃
22	———	52	〃
24	———	51	55
31	———	51	〃
38	———	46	52
39	———	53	68
46	———	43	46
48	———	44	49

Impr: Guillet, rue Cx des petits Champs 27 à Paris.

1.er LIVRE.

——— RÉSONNANCE: phénomène occulte, toujours invariable dans son essence. En supposant Sol pour *Générateur*, voici qu'elle serait sa *Génération* * ou les sons qu'il engendrerait successivement du grave à l'aigu, et qui, s'ils étaient protégés par certaines dispositions acoustiques, pourraient arriver jusqu'à nos organes ....

Ce phénomène, source unique de toute l'harmonie, se produit mélodiquement sur la Trompette, le Cor, le Trombonne. &.

(1) INTERVALLE: conséquence ou produit de deux sons ou de deux degrés distincts. Il est nul s'il y a tout à la fois, mêmes sons et mêmes degrés: l'unisson parfait ou juste est seul dans ce cas  Interv. nul.

On exprime les intervalles par

1, 2, 3, 4, 5, 6, 7, 8, &

ou par unisson 2.de 3.ce 4.te 5.te 6.te 7.me 8.ve

L'intervalle ayant pour limite naturelle les deux sons constitutifs de l'8.ve (le générateur et sa 1.ere génération), il s'ensuit qu'on nomme *minimes*, les intervalles qui n'excédent pas la 4.te maj: (augtée) en ce que cette 4.te coupe la gamme en deux parties égales; *maximes*, ceux qui, de la 4.te maj: s'étendent jusqu'à l'8.ve; et *redoublés*, ceux qui dépassent l'8.ve, en ce que leur Gradation ne change pas avec le redoublement.

On ramène l'intervalle dans sa limite naturelle (l'8.ve), en soustrayant de son chiffre, autant de 7 qu'il est possible d'en soustraire, ex.

24 - 7 = 17 - 7 = 10 - 7 = 3 ou une 3.ce

Ainsi, une 10.me, une 17.me, une 24.me &, ne sont tout simplement qu'une 3.ce distancée d'une, deux et trois 8.ves.

Excepté l'octave et l'unisson, un intervalle quelconque peut se graduer, ainsi:

(*) Il est évident qu'on ne pourrait transposer le *générateur* sans transposer également sa *génération*.

diminué. ⌈ $\frac{1}{2}$ ton ⌉ *mineur.* ⌈ $\frac{1}{2}$ ton ⌉ *majeur.* ⌈ $\frac{1}{2}$ ton ⌉ *augmenté.*

ce sont quatre termes distincts, formant une extension progressive de trois $\frac{1}{2}$ tons, en partant du diminué.

Cependant, un intervalle quelconque ne peut recevoir que trois termes de cette *Gradation* sans cesser d'être harmonique ou d'appartenir aux accords connus:

Le **2** ne peut être que	*min:*	*maj:*	*aug:*
ce qui, pour le 7, donne	maj.	min.	dim.
Le 3 ne peut être que	*dim:*	*min:*	*maj:*
ce qui, pour le 6, donne	aug.	maj.	min.
Le **4** ne peut être que	*dim:*	*min:*	*maj:*
ce qui, pour le 5, donne	aug.	maj.	min.

Le 2 dim:, le 3 et le 4 aug:* et leur renversement ne peuvent être que le produit de deux états distincts (*forme*_et_*fond*): on ne les trouve dans aucun accord connu.

Les intervalles de la limite naturelle (l'8^ve^) sont seuls susceptibles d'être renversés. On renverse un intervalle en portant à l'8^ve^ l'une de ses deux notes, mais en procédant de manière à ce que la note immobile soit croisée par celle qui change de place. Le renversement de A sera donc B, si l'on croise la noire par la blanche, C dans le cas contraire, ce qui revient au même . . . .

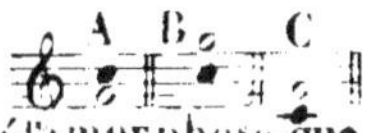

Voci, par le fait du renversement, la métamorphose que subissent les chiffres et les quatre termes de la Gradation.

Chiffres:	1, 2, 3, 4, 5, 6, 7, 8.	*Grad:*	dim:, min:, maj:, aug:,
Renv:	8, 7, 6, 5, 4, 3, 2, 1.	*Renv:*	aug:, maj:, min:, dim:,

Les intervalles à connaître se réduisent à trois:

La 2de maj: formée de deux $\frac{1}{2}$ tons successifs,

La 3^ce^ id: ———— quatre ————

La 4te id: ———— six ————

Ceux-ci connus, rien n'est si facile que de les trouver tous, ...

---

* Rapport de l'ancienne dénomination avec la nouvelle, pour la 5te et la 4te

anc:	nouv:	anc:	nouv:
4te dim. =	4te dim. =	5te aug. =	5te aug. =
— juste. =	— min. =	— juste. =	— maj. =
— aug. =	— maj. =	— dim. =	— min. =
— sur-aug. =	— aug. =	— sous dim	— dim. =

si l'on se rappelle la différence respective des quatre termes de la Gradation. Questions pour exemple:

D: quelle serait la 3ce sup: de *si* ♭? R: *ré* puisque *si do ré* forment trois degrés successifs ou une 3ce

D: que faudrait-il pour qu'elle fut augmentée? R: *ré*

D: pourquoi? R: parce que l'augmenté est d'un $\frac{1}{2}$ ton plus grd que le majeur.

Or, le 3ce maj: connue étant formée de quatre demi-tons successifs, c'est donc cinq demi-tons qu'il doit y avoir de *si* à *ré* supérieur, ce qu'on obtient ici par *ré×*

Si la question porte sur un intervalle maxime, on le renverse avant de répondre.

D: qu'elle serait la 6te sup: de *ré×*? R: *si*♮.

D: que faudrait-il pour qu'elle fut diminuée? R: *si*.

R: pourquoi? parce que le renversement de 6 dim: est 3 aug:

Or, le 3 ou la 3ce maj: connue étant formée de quatre demi-tons, c'est donc cinq demi-tons qu'il doit y avoir de *ré×* à *si*. inférieur, ce qu'on obtient ici par *si*♮

Si enfin la question porte sur un intervalle redoublé, on supprime le redoublement avant de faire l'une ou l'autre opération.

Les intervalles se divisent encore en consonnants et dissonants.

Les *Consonnants* **1**, ou de 1er ordre, parce qu'ils sont formés des trois premières générations (p: 2), sont la 4te min:, la 5te maj. et l8ve

Les *Consonnants* **2**, ou de 2d ordre, parce qu'ils sont formés de générations postérieures aux précédentes sont les 3ces et les 6tes maj: et mineures. Les autres intervalles sont tous plus ou moins dissonants (I: 1, p: 18 et p: 25, gd texte).

Voici le tableau abrégé des intervalles.

MINIMES.

Grad:	juste	alt:	dim:	min:	maj:	aug:	dim:	min:	maj:	aug:	dim:	min:	maj:	aug:
Chiffres 1			2				3				4			
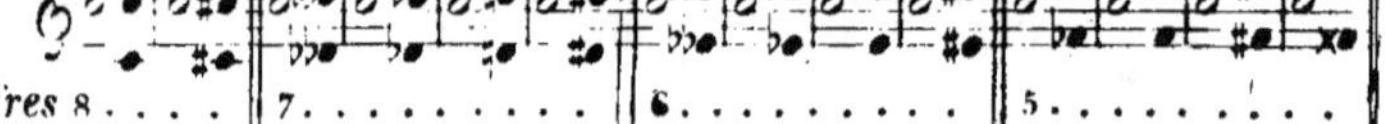														
Chiffres 8			7				6				5			
Grad:	juste	alt:	aug:	maj:	min:	dim:	aug:	maj:	min:	dim:	aug:	maj:	min:	dim:

MAXIMES.

(2) *Classement* mélodique des précédents intervalles.

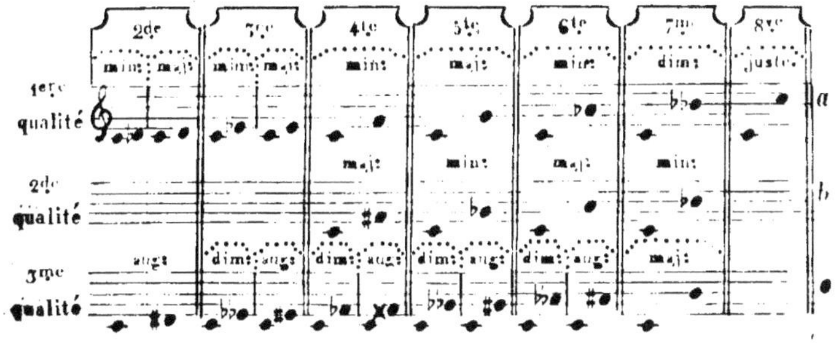

En élémentaire, on emploie ceux en *a*, ceux en *b* dans les cas forcés, mais on y évite autant que possible ceux en *c*.

En pratique tous sont possibles surtout lorsqu'ils sont justifiables. Un intervalle est en général justifiable, si, de la suppression de sa seconde note, résulte un intervalle meilleur, tel serait ici *sol* ♯  laissant un intervalle de 1ère qualité après sa suppression.

MODE: manière d'être de l'échelle musicale ou gamme. Il y en a deux, le *Majeur* et le *Mineur*; le 1er formé de deux tétracordes égaux, le 2d de deux tétracordes inégaux.

En mineur, le second tétracorde est variable, car souvent on hausse le 6me degré en montant la gamme et l'on baisse le 7me en la descendant: sol la♮ si♮ do‖do si♭ la♭ sol; mais, comme de cette modification résulte 2 notes étrangères à la 9me min: genèse absolue du mode mineur, nous les nommons *accidentelles du mode*, afin de les distinguer des autres que nous disons *réelles du mode*.

(3) Les degrés d'un mode sont ou *fondamentaux* ou *non fondamentaux*; fondamentaux, s'ils sont la base d'agrégations consonnantes ou dissonantes par altération (l'altération des accords n'étant jamais qu'une modification passagère de leur état primitif.), non fondamentaux dans le cas contraire. La noire, ci-dessous indique les non fondamentaux.

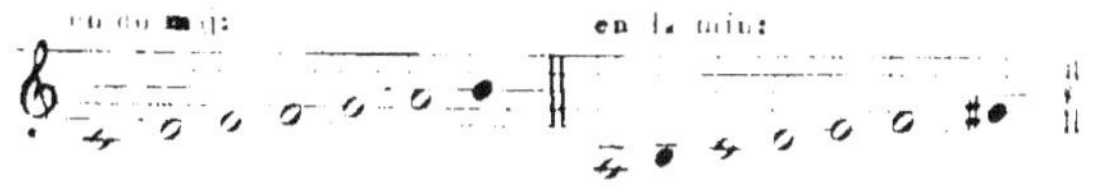

(4) GÉNÉALOGIE des accords ou conséquence de la Résonnance.

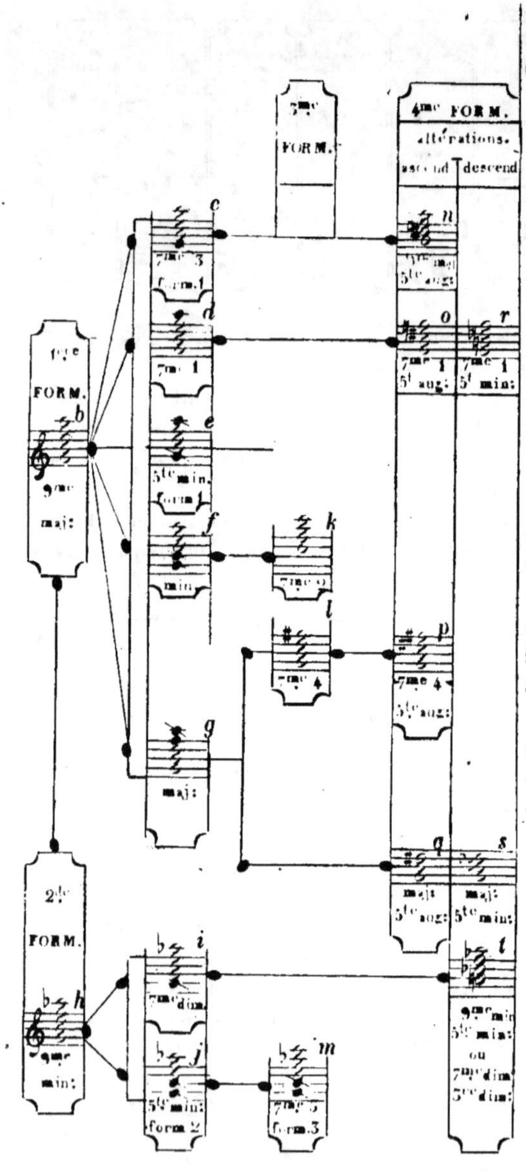

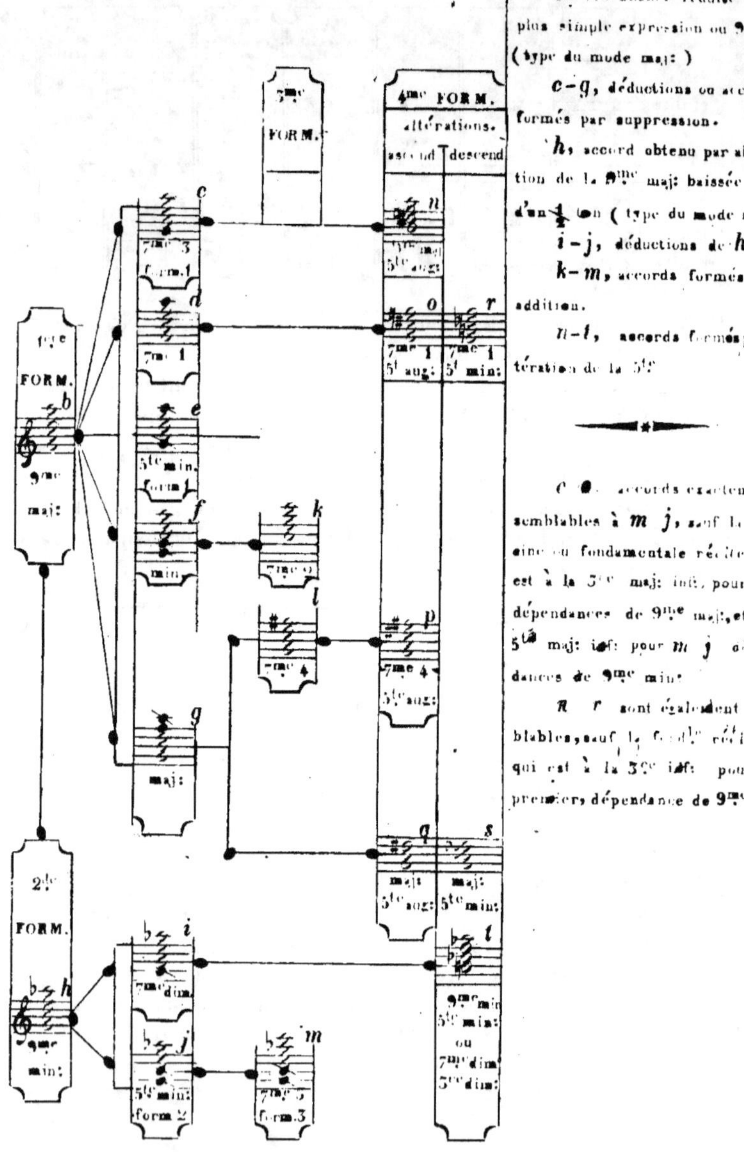

b, résonnance réduite à sa plus simple expression ou 9me maj: (type du mode maj:)

c-g, déductions ou accords formés par suppression.

h, accord obtenu par altération de la 9me maj: baissée ici d'un ½ ton (type du mode min:)

i-j, déductions de **h**

k-m, accords formés par addition.

n-t, accords formés par altération de la 5te

C e, accords exactement semblables à **m j**, sauf la racine ou fondamentale réelle qui est à la 3ce maj: inf. pour **C e** dépendances de 9me maj:, et à la 5te maj: inf: pour **m j** dépendances de 9me min:

n r sont également semblables, sauf la fondle réelle qui est à la 3ce inf: pour le premier, dépendance de 9me maj:

(5) TABLEAU et classement des précédents accords

Nos d'ordre	titres ou étiquettes	notation	composition ou intervalles qui les constituent	états
1	maj:		3ce et 5te maj:	consonnants
2	min:		3ce min: 5te maj:	consonnants
3	5te min: (dim:)		3ce et 5te min:	
4	7me 1		maj: + 7me min:	
5	7me 2		min: + 7me min:	
6	7me 3		5te min: 7me min:	dissonants
7	7me 4		maj: + 7me maj:	dissonants
8	9me maj		7me 1 + 9me maj:	dissonants
	7me 7		(sans fond) comme n° 6	dissonants
9	9me min:		7me 1 + 9me min:	dissonants
	7me dim:		(sans fond) 5te min: 7me dim:	dissonants

Nos	titres	notation	comp:	états
10	maj: 5te aug:		maj: + 5te aug:	dissonants ou altérés
11	7me 1 5te aug:		7me 1 + 5te aug:	dissonants ou altérés
12	7me 4 5te aug:		7me 4 + 5te aug:	dissonants ou altérés
13	9me 5te aug:		7me 1 + 5te min:	dissonants ou altérés
14	maj: 5te min:		maj: + 5te min:	dissonants ou altérés
15	7me 1 5te min:		7me 1 + 5te min:	dissonants ou altérés
16	9me min 5te min:		7me dim: 3ce dim:	dissonants ou altérés

notes qu'on peut mettre à la basse.

∾ ✱ ∾

1 - 7 toutes.

8 - 9, toutes, sauf la plus haute note qu'on ne doit placer qu'à l'aigu, et toujours à distance de 9me au moins de la fondle réelle; cette règle est abrogée par la suppression de la fondle, sous certaines conditions cependant (v. parag. 7 p. 8)

10 - 16 toutes les notes dont il ne résulte pas une 3ce dim: Ne seront donc pas mis à la basse ou au grave:

La 3me note p: l'accord 11,
— 2de —— 13, 14, 15,
— 1re —— 16.*

---

* La position d'un accord s'exprime par le chiffre de la note mise à la basse; ainsi, 1ere note = 1ere position, 2de note = 2de position, &

(6) **ACCORDS FONDAMENTAUX:** tous, excepté ceux dont la note grave est degré non fondamental, tels sont la 5te *mineur*, la 7me 3 et la 7me *dim:* dont la fondamentale, n'est que *fictive* et non *réelle*.

La réelle, pour les deux premiers (5te min et 7me 3.) se trouve à la 3ce inf: de leur note grave, lorsqu'ils sont dépendance de 9me majeure, à la 5te maj: inf: de cette même note lorsqu'ils sont dépendance de 9me min. (v; *e c*, *j m* et *i*, p:6.)

Une suite d'accords non renversés se nomme succession fondamentale

(7) **ACCORDS DISSONANTS:** tous, excepté les deux Consonnants ou Accords parfaits. (1-2, p: 7.).

Un accord peut contenir une ou plusieurs dissonances: dans $\overset{6}{si}$ il y en a une, *fa* dissonant avec *si;* dans $\overset{\flat 7}{si}$, il y en a deux, *fa* dissonant avec *si*, *la* ♭ dissonant avec *ré* et *si*. Dans ce dernier cas et les analogues, la dissonance principale est toujours la plus haute note de l'accord.

PRÉPARATION. Les dissonances qu'on prépare sont la note haute des 7mes 2 3 4 (form: 3 p:6) et la 5te aug: dans tous les accords où elle se trouve, encore, cette préparation, inutile en min: pour la note haute de la 7me 3, 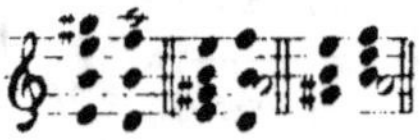 n'est-elle obligée en maj: que lorsqu'on veut la placer dans une partie médiaire ou au grave?

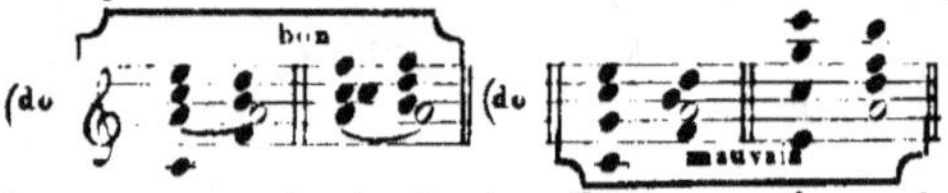

La dissonance principale des 7mes se prépare de trois manières:

1º par la même partie et sur le même degré (*prép*: 1)

2º par la même partie, mais en la changeant d'8ve (*prép*: 2)

3º en y arrivant par degré conjoint, la fondle restant commune aux deux accords. (*prép*: 3.)

On prépare la 5te aug: de trois manières également:

1º en la précédant de la 5te maj:, la fondle restant commune aux deux accords . . . .

2° par la prolongation, les fond[les] étant différentes . . 

3° en l'attaquant d'emblée, les fond[les] étant différentes (rare) 

Résolution ou justification. Sauf la 5te aug: qui se résout en montant . . . . 

toutes les dissonances contenues dans un accord se résolvent en descendant d'un degré, si l'enchaînement est *normal* ou par 5te maj: inférieure. La 5te min: peut cependant monter:

1° dans l'accord de 5te min: avec ou sans 3[ce] diminuée, ce qui n'est possible que lorsqu'il est chiffré 6 (A);

2° dans la 7me 3 dépendance de 9me maj: (form: 1), et dans la 7me dim: sans ou avec 3[ce] dim:, lorsque la dissonance descend d'un degré sans chang[t] de fond[le] au point d'arrivée, sorte d'*affaissement* particulier aux deux 9mes (B):

A 

B 

Dans l'un et l'autre cas, la 5te min: peut être doublée: dans le 1er l'une monte et l'autre descend, C; dans le 2[d] l'une monte et l'autre reste en place, D:

C 

D 

Si l'ench[t] est exceptionnel pour les accords dissonants (cas plus rare), la dissonance se résout d'une manière quelconque, pourvu que le degré conjoint ne soit pas excédé dans sa marche au point d'arrivée:

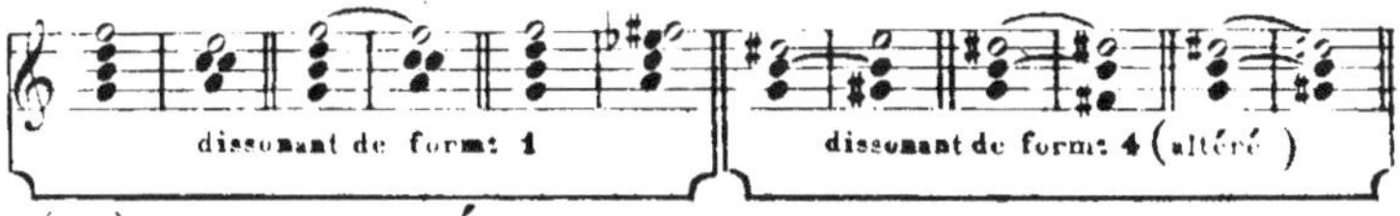

(8) ACCORDS DÉTERMINATIFS: tous ceux qui ont le 5me degré de la gamme pour fond[le] réelle. Les voici rangés en partant des plus déterminants.

1° les deux 9mes avec fond[le] réelle, qui, contenant les trois Tonales * et une Modale, accusent d'une manière absolue, l'une, le ton et le mode ma-

---

* Les Tonales sont fournies par les degrés 4, 5, 7, et les Modales par les degrés 3, 6.

Celles des degrés 4 et 7 sont étiquetées ainsi, p: 130 du g[d] texte,

N° 1, la note qui reçoit le dernier des accidents posés à la clef;

N° 2, la note sensible en mineur.

p ur, l'autre, le ton et le mode mineur (*Déterminatif* 1);

2º la ... qui n'accuse que le ton et non le mode, par l'absence de toute ... (*Déterminatif* 2);

3º l'accord maj: qui, inférieur au précédent par une ..., n'accuse le ton qu'imparfaitement (*Déterminatif* 3).

L'altération affaiblit plus ou moins les propriétés déterminantes des précédents accords.

(9) **ACCORDS ALTÉRÉS**: ceux dont l'état primitif est modifié par l'altération de la 5te (form: 4).

Pour ne pas les confondre, il suffit de se rappeler, pour les cas où il y a 3ce dim; que celle-ci se trouve:

De la 1ère à la 2de note p: les accords en B, C;

De la 2de à la 3me . . . . pour ceux en D, E;

De la 3me à la 4me . . . . pour celui en F;

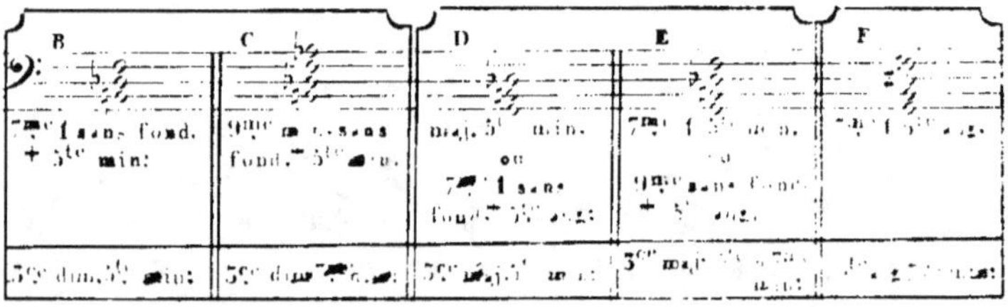

c'est l'accord résolutif qui détermine la fond! réelle de ceux en G, H.
Cette fond! serait *sol* en G, *mi* ♭ en H:

Si l'encht normal (5te maj: inf:) ... deux ... de ... possibles (ici *sol* ou *mi*♭), on répond ... par l'une ou l'autre.

(10) **ACCORDS DE LA GAMME**: ceux qui, déduction faite de l'altération, sont formés avec les notes d'une même tonalité (l'altération n'étant toujours qu'une modification passagère de leur état primitif.) En voici le tableau:

---

* La 9me ... sa fond! ... il peut ... maj: et de la ... n'est pas dans le ... est ... indiqué par ...

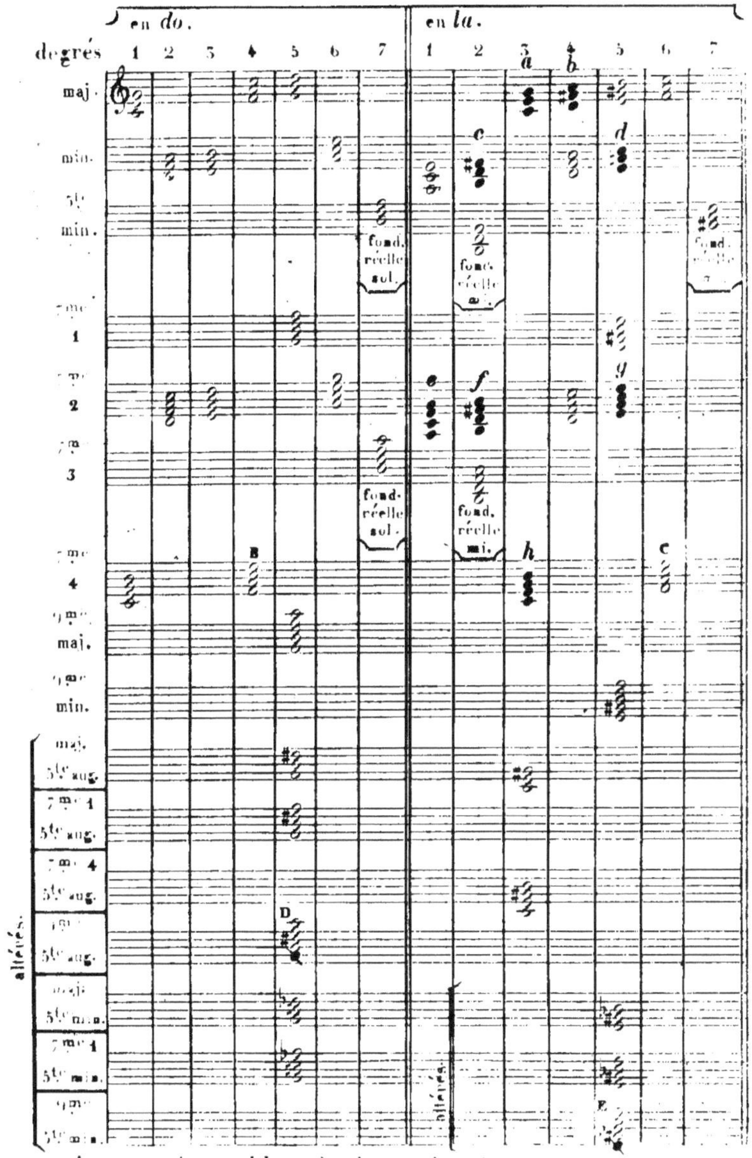

a—h, *accords-accidentels* du mode-mineur, ou qu'on n'emploie guère que lorsque le degré 6 haussé, et le degré 7 haussé, se produisent au chant donné. Les autres, déduction faite de l'altération, sont *accords-réels* du mode.

A-C, *accords-conditionnels* de la gamme, ou qu'on ne peut enchaîner régulièrement (5te maj: inf:) sans sortir de la tonalité.

D-E, accords qu'on adoucit presque toujours par la suppression de la fondle réelle.

CARACTÈRE DES ACCORDS, défini approximativemt

MAJ: franchise et gaité.

MIN: franchise et tristesse.

5te min. incertitude, doute, face ambigue, conséquence indubitable de sa double origine. Cet accord est, comme la 7me 3, le prototype de l'équivoque.

7me 1, franchise et énonciation précise de la tonalité.

7me 2, rudesse et naïveté.

7me 3, caractère analogue à la 5te min:, sauf exagération.

7me 4, caractère analogue à la 7me 2, sauf exagération.

7me dim:, caractère analogue à la 9me min:, mais adouci par la suppression de la fondle réelle.

9me MAJ: avec ses 5 notes, franchise et énonciation précise de la tonalité majeure.

9me MIN: avec ses 5 notes, tristesse stridente, énonciation précise de la tonalité mineure.

Les accords avec altération ascendante de la 5te (v: les accords 10-13, p: 7,) affectent l'élégance et tendent gracieusement à une solution ou résolution.

Les accords avec altération descendante (v: les accords 14-16.), affectent la mélancolie, la tristesse, et, de même que les précédents, tendent d'autant plus à une solution, qu'ils sont plus dissonants.

(11) **STÉNOGRAPHIE** ou manière abrégée d'indiquer l'harmonie par les chiffres. Elle se divise en

sténographie..... du *Fond* / de la *Forme*

Nous résumerons la première en quelques tableaux:

TABLEAUX A. Chiffres toujours indispensables ou qu'on ne supprime jamais:

ACCORDS DE							
3 sons			4 sons				5 sons
Positions.							
1ère	2de	3me	1ère	2de	3me	4me	1ère
0 ou 3 ou 5 ou 8	6	4	7	6 5	4 3	2	9

(a) Les accords de 5 sons n'étant que peu ou pas susceptibles de renvt, il s'ensuit qu'on les chiffre comme ceux de 4, lorsque leur fondle réelle ou racine est supprimée.

TABLEAU B Chiffres sous-entendus.

Chiffre	Sous-entend
2	6 4 2
3	5 3
4	6 4
5	5 3
6	6 3
7	7 5 3
8	8 5 3
9	9 7 5 3
$\frac{6}{5}$	6 5 3
$\frac{4}{3}$	6 4 3

Ainsi, chacun des chiffres de la 1re Colonne sous-entend le groupe qui les suppose dans la seconde ou la troisième.

Presque tous les harmonistes ajoutent le 6 au 4 ($\frac{6}{4}$) afin d'indiquer la 5te des accords de trois sons; mais, si l'on supprime cette indication pour la 1re position, parce qu'on sent l'accord suffisamment constitué par la présence de la fondle et de la 5te quelle raison a-t-on de l'ajouter dans la 3me, lorsque cette fondle et cette 5te sont encore présentes? Le 4 isolé peut simuler un retard de la 3ce dite maj; mais, si l'on omet systématiquement les signes indicatifs de la *Forme*, même dans le cas contraire, car il est évident qu'ils établissent une différence notable entre les deux cas. Ces signes sont un 5 ou un 7 mis au-dessus du 4 ($\frac{5}{4}$ ou $\frac{7}{4}$) ou bien une prolonge qu'on y attache (4—).

Ceci posé, on peut hardiment dire que l'indication de la 5te, représentée par 5 pour la 1re position ($\frac{5}{3}$), et par 6 pour la troisième ($\frac{6}{4}$), n'est absolument nécessaire que lorsqu'elle est étrangère au ton principal ou à l'armature.

TABLEAU C. Abréviations possibles.

On peut supprimer:

1° les chiffres qui dépassent le 9;

2° toute indication pour les Consonnants fondamentaux du ton principal, sauf l'indication de la 3ce majr pour l'accord majr du 5me degré en mineur, ainsi,

au lieu de (do)	5 do	5 sol	6 mi	(la)	6 la	♯ mi	5 fa
on fera	do	sol	mi		la	♯ mi	fa

3° tous les 3 accidentés en-dehors de la tonalité principale, en leur substituant l'accident; ainsi,

au lieu de (do)	♯3 ré	6 ♯3 ré	6 5 ♯3 ré	4 ♯3 ré	♭6 ♯3 ré
on fera	♯ ré	6 ♯ ré	6 5 ♯ ré	4 ♯ ré	♭6 ♯ ré

4° le 4 et le 6 accidentés en-dehors de la tonalité principale, lorsque le 4 est accompagné du 2, et le 6 du 4, mais en leur substituant l'accident; ainsi,

au lieu de (do)	♯4 2 ré	♭6 ♯4 2 ré	♭6 4 ré	♭6 4 2 ré	[illegible] ré	♭6 ♯4 2 ré
on fera	♯ ré	♭6 ♯ 2 ré	♭ 4 ré	♭ 4 ré	♯ ♯4 ré	♯ ♭4 ré

TABLEAU D. Parties d'accord qu'il faut indiquer ou chiffrer lorsqu'elles sont étrangères à la tonalité principale; nous les plaçons en A. Celles en B sont permanentes ou toujours figurées, soit par le chiffre seul, soit par la réunion de la note et du chiffre.

				Notes indiquées parce qu'elles seraient étrangères à do supposé ton principal.			
		A	B	3ce	5te	3ce et 5te	
maj:		3ce ou 5te		a × ré♯	♭5 mi♭		
min:		3ce et 5te		d ♭ fa	♯5 do♯	c ♯5 ♯ ré♯ b	
5te min:		5te				♭5 do	
7me 1		3ce	7me	♯7 × ré♯			
7me 2		3ce et 5te	7me	♭7 ♭ fa	7 ♯5 do♯	♯7 ♯5 ♯ ré♯	
7me 3		5te	7me			♭7 ♭5 do	
7me 4			7me				♯7 ré
9me maj:	avec fond:		9me				♯9 mi
	sans fond:	5te	7me			♭7 ♭5 do	
9me min:	avec fond:		9me				♭9 do
	sans fond:		7me				7 la♯
maj:	5te aug:		5te				♯5 do
	5te min:		3ce, 5te,				♭5 do
7me 1	5te aug:		5te, 7me,				♭7 ♯5 do
	5te min:		3ce, 5te, 7me,				♭♭5 do
9me maj: 5te aug:	avec fond:		5te, 9me,				9 ♯5 do
	sans fond:		3ce, 5te, 7me,				♭7 ♯5 ♯ si
9me min: 5te min:	avec fond:		3ce, 5te, 9me,				♭9 ♭5 sol
	sans fond:		3ce, 7me				♭7 ♮ si♮

Ainsi, doivent toujours [illegible] elle que soit d'ailleurs la Position de l'accord,

Pour l'accord *maj*, la 7e ou la 5 , selon que l'une ou l'autre est étrangère au ton principal; la 3e seulement, lorsqu'elles le sont l'une et l'autre ([illegible])

Pour l'accord *min*, la 7e et la [illegible], ensemble si l'une et l'autre sont étrangères au ton principal ([illegible]), séparément dans le cas contraire ([illegible]);

Pour l'accord de 3e *min*, la [illegible] seulement, &.

En suivant les indications du précédent tableau, les accords seront toujours chiffrés clairement et sans superfluité.

Maintenant, voici les combinaisons inharmoniques que présente la réunion du *Fond* et de la *Forme*. Nous supprimons celles qui se produisent sous face harmonique (7, $\frac{5}{3}$, $\frac{4}{3}$, 2.)

ACCORDS.

de 3 sons avec retard de la 3e			de 4 sons avec retard de la 3e				de 4 sons avec retard de la 5e			
Positions										
1	2	3	1	2	3	4	1	2	3	4
5 4	5 2	7 4	7 4	8 4 2	7 4 3	6 5 2	7 6	6 5 4	[illegible] 2	7 4 2

Ces chiffraisons ne sont guère utilisées que pour indiquer la présence des retards (accidts 4. p: 30.).

(12) ENCHAÎNEMENT des accords: manières diverses de passer d'un accord à l'autre ou d'en former une chaîne en les ajoutant bout à bout. On peut ainsi diviser cette matière : *sans* ou *avec* modulation.

<u>Sans modulation</u>. Ici l'enchaînement s'exprime par l'intervalle formé par les fondtes réelles de l'un et de l'autre accord, ex:

a: 5 4 | 6 5 | 4 6 — [illegible] [illegible] | [illegible] [illegible] | sol. [illegible]

b: 5 5 | 6 8 | 4 — [illegible] [illegible] ré. [illegible]

On enchte par 5te maj inf ou 4te [illegible] sup [illegible] fondtes [illegible] sont *[illegible]*, en a; *sol-[illegible]*, en b.

Voici comment on peut diviser et classer l'enchi sans modulation.

Nous partons de la version la plus naturelle.

1re [illegible] ⎡5te [illegible] . . . . inf. . . . . ([illegible])

2e ——— ⎡4te [illegible] ——— (———)

3e ⎣3ce [illegible] ou min ——— (———)

4e ——— ⎣2de ——— [illegible] (———)

Ce qui donne au choix, pour les Consonnants et les Dissonants, les enchts par 2des 3ces 4tes 5tes 6tes et 7mes * supérieures ou inférieures.

---

* [illegible]

(13) Cependant, l'enchaînement de 1re catégorie est si naturel aux Dissonants, qu'il nous semble raisonnable de le nommer NORMAL, et les autres EXCEPTIONNELS.

Le normal est *réel* si l'encht est le produit de deux fondles réelles: *sol* 7 *do* 6; *apparent* ou simulé, si cet encht est le produit d'une fodle fictive et d'une fondle réelle: *ré* ♭5 *sol* ♮.

En ajoutant ici l'affaissement cité plus haut pour les deux 9mes (p 9.), on réunit toutes les manières de justifier les non fondamentaux, sans recours à l'encht exceptionnel. Les voici:

L'encht réel, déja rare pour les dépendances de la 9me min: (A B), appartient aux cas irréalisables, lorsqu'on procède sans renversement d'accord ou fondamentalement (♭5 ré 5 do, ♭5 7 ré 6 do, irréalisables. v: p: 50)

Nª. L'encht normal d'un altéré quelconque, ne se fait bien que sur un accord maj: ou ayant la racine ou 3ce maj:, sauf le cas où l'on modifie l'accord résolutif par la suspension de la 3ce min:

(14) L'EXCEPTIONNEL, beaucoup plus rare que le NORMAL, est basé sur la proximité des sons, ce qui veut dire, que les notes de l'accord dissonant (point de départ) doivent marcher autant que possible par degrés conjoints sur celles de l'accord résolutif. (point d'arrivée). Sous ce rapport, A serait donc préférable à B.

Voici, pour exemple, un Dissonant (7me s) enchaîné d'après les 7 manières:

En résumé, tous les enchts sont praticables, sauf les suivants qu'il faut éviter pour les Consonnants, surtout lorsqu'ils sont fondamentaux.

Par 3^{ce} sup: ou 6te inf:, si le point d'arrivée est accord min: $\overset{5}{do}$ $\overset{5}{mi}$

Par 2de avec les degrés 2, 3, 4, d'une gamme maj: $\overset{6}{ré}$ $\overset{5}{mi}$ ‖ $\overset{\natural}{mi}$ $\overset{6}{fa}$ ‖

(2de et 3me catég: N° 2, v: leg^d texte, l: 1, p: 54.). Ces deux derniers ne se présentent pas en min: avec les accords réels du mode.

(15) Avec modulation. Ici, l'ench^t s'exprime par la relation harmonique, ou le rapport respectif des deux accords limitrophes. La relation est n° 1 ou n° 2:

N° 1, lorsque les deux accords peuvent se trouver dans une même gamme ($\overset{6}{la}$ $\overset{\sharp}{ré}$) ou dans deux gammes voisines ($\overset{\sharp 5}{mi}$ * $\overset{\flat 5}{mi}$); mais, dans ce dernier cas, le second accord *ne peut et ne doit être qu'un Déterminatif.*

N° 2, lorsque les conditions sont inverses aux précédentes ($\overset{4}{do}$ $\overset{\sharp 6\ *}{do\sharp}$)

Cette relation n'est bonne que lorsqu'elle est justifiable ou susceptible d'être ramenée au N° 1 par l'enharmonie . . . .

(16) 4te MIN: ou 5te maj: (juste) des accords mise à la basse.

En école la 4te min: entre la basse et une partie haute est astreinte à ces deux conditions: Préparation, Résolution.

PRÉPARATION. Elle est préparée lorsque l'une des deux notes formant 4te se trouve au point de départ, ce qui fait deux sortes de préparations: par la basse ou par la haute (a, b). Dans le 1er cas, la basse conserve la même note d'un accord à l'autre (c); dans le 2^d cette note peut changer de partie au second accord, en d, elle passe de la 3me à la 2e.

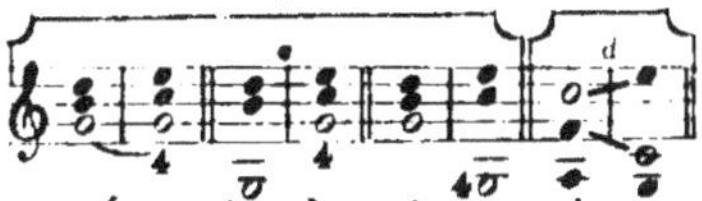

La 4te ne peut être attaquée sans préparation, à moins que la non préparation ne soit justifiable. Elle est justifiable lorsqu'on peut supprimer le 4 de la chiffraison; tels seraient e, f, g, ci-dessous, susceptibles d'être à la rigueur chiffrés comme en A, si, par cette raison qu'ils en affectent les apparences, on veut traiter *do mi*, en e f, et *sol* en g, comme *Forme.* Il est même probable qu'on ne songerait pas à les chiffrer différemment, s'ils étaient notés comme en B, notation praticable, dans le cas où il ne serait pas nécessaire de déterminer la durée des accidentelles:

---

* $\overset{\flat 5}{mi}$ se trouve en do, 3me degré, et $\overset{6}{\overset{\flat 5}{mi}}$, en fa, 5te.

* Ces deux accords ne peuvent se trouver que dans deux gammes distantes de 2 accidents au moins, *do* et *si* min:

Cette non préparation est rejetée des travaux élémentaires.

RÉSOLUTION ou *justification*. La note portant 4 peut marcher d'une manière quelconque pourvu que le degré conjoint ne soit pas excédé, ex: $\overset{4}{do}\ \overset{5}{do}$ ‖ $\overset{4}{do}\ \overset{6}{do}$ ‖ $\overset{4}{do}\ \overset{7\,5}{ré\flat}$ ‖. Les cas ou la fond^le^ reste commune aux deux accords fait exception: $\overset{4}{do}\ \overset{6\,5}{la}$ ‖ $\overset{4}{do}\ \overset{5\,4}{mi\flat}$ ‖ &

(17) **MOYENS DE VARIER** ou de nuancer un même accord sans le concours de la Forme (l'ornement.).

Il en existe deux: la *Position* et la *Distribution*. Les variétés du premier sont égales au nombre des notes qu'on peut mettre à la basse pour chaque accord; ainsi, l'accord maj: en offre trois, représentées par 5, 6, 4; l'accord min: autant, &. Les variétés du second sont immenses, puisque, sans changer la Position d'un même accord, on peut à volonté le placer sur l'un quelconque des points compris entre ces deux limites .... 

éloigner ou rapprocher ses deux parties extrêmes, réduire ou augmenter le nombre de ses parties. D'où résulte que la Distribution peut être plus ou moins large, plus ou moins pleine .... 

Les nuances qui ressortent de la Distribution, beaucoup moins sensibles que celles qui résultent de la Position ne peuvent s'apprendre que par une longue pratique.

DIRECTION OU MARCHE DES PARTIES

On en compte quatre qu'on peut figurer ainsi:

La première est insignifiante ou nulle mélodiquement, la seconde et la quatrième sont élégantes et favorables, la troisième est délicate et dangereuse, parce qu'il n'est pas permis d'arriver de toutes les manieres sur la 5te maj: l'8^ve^ et l'unisson, par cette Direction. On l'évite aussi pour l'attaque des dissonances .... 

(18) **CHUTES SUR LA 5te MAJ: ET L'8^ve^**, ou manières d'arriver sur ces deux intervalles par direction semblable. On peut les ranger ainsi:

Permises ou classiques,
Exceptionnelles ou pratiques,
Défendues ou mauvaises.

---

* Elles sont à peu près celles des sons appréciables

Chutes.

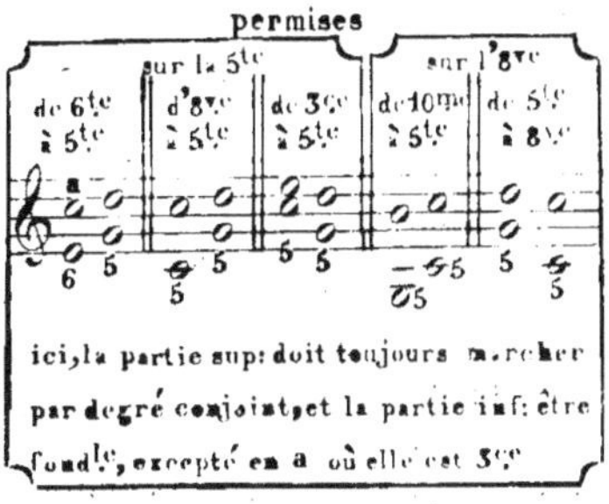

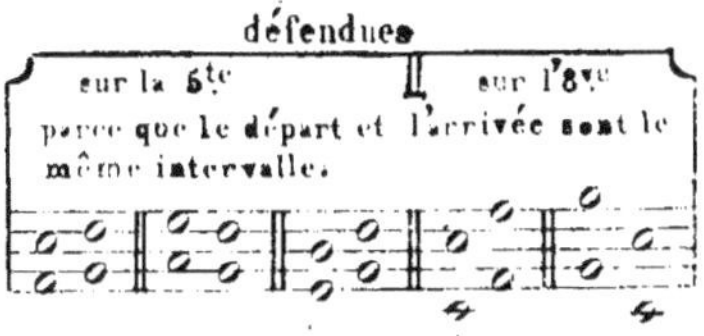

Entre ces deux extrêmes (permis, défendu,) les chutes exceptionelles sont faciles à trouver. En voici quelques unes: . . . .

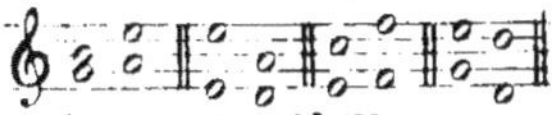

Les successions en 8ves (chutes défendues), très usitées d'ailleurs, ne sont prohibées, dans les travaux élémentaires, que parce qu'elles ne fournissent pas d'harmonie. Les chutes exceptionnelles étant plus ou moins dans le même cas, doivent y être également évitées.

On admet cependant, même en école, les chutes sur la 5te et l'8ve lorsqu'elles proviennent de la mutation du même accord (a), ou d'une note à l'8ve (b), pourvu que ce ne soit pas aux extrêmes de l'harmonie . . . .

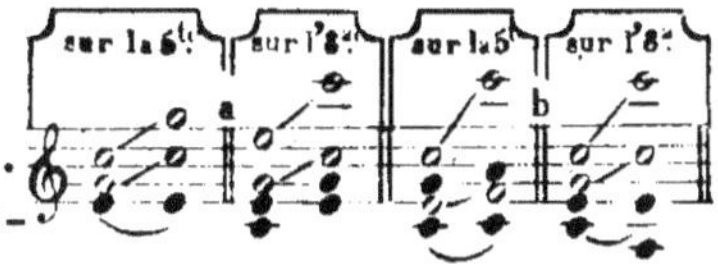

Les chutes par direction semblable sur l'unisson, quelles qu'elles soient d'ailleurs, sont toujours fautives en élémentaire . . . .

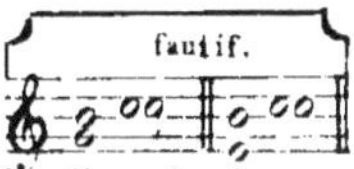

mais admises en pratique, surtout en instrumentation où elles deviennent inévitables.

(19) **RELATION.** Cette expression qui contient en elle même sa définition, s'applique aux gammes, aux notes et aux accords. Elle est à trois degrés. La voici pour les gammes:

Gammes relatives au 1er degré: toutes celles qui ne diffèrent pas de plus d'un accident de la gamme principale, telles sont les gammes en A B, si l'on prend *do* et *la* min: pour ton principal (cette relation embrasse ¼ du cercle. 1: 1, p: 126.)

Gammes relatives au 2d degré: toutes celles qui par l'armature ou les éléments fondamentaux, conservent la tonique du ton principal: pour *do*, on trouve les gammes comprises de 1♯ à 5♭; pour *la* min:, celles comprises de 4♯ à 2♭; un ♭ ou un ♯ de plus et ces deux toniques (*do, la.*) auraient disparues (cette relation embrasse une moitié du cercle et contient la précédente.).

Gammes relatives au 3me degré: toutes celles où la tonique du ton principale est fondamentalement accidentée: seraient dans ce cas les gammes excédant 1 ♯ pour *do*, 2 ♭ pour *la* min:(Cette relation embrasse le cercle entier, et contient les deux précédentes).

Même définition pour les notes et les accords: en supposant *do* maj: ou *la* min: ton principal, la relation serait donc au 1er degré pour *do*♯ et $\overset{6}{\textit{do}\sharp}$, puisqu'on les trouve en *ré* min:, gamme relative au 1er degré; au 2d degré pour *mi* ♭ et $\overset{6}{\textit{mi}\flat}$, puisque l'un et l'autre accusent au moins 2 ♭ ou une distance d'au moins 2 accidents, et conséquemment une gamme relative au 2d degré (*si*♭ maj: ou *sol* min:).

Ce rapport de l'accord au ton principal est nommé *relation-tonale*, et le rapport immédiat ou respectif de deux accords limitrophes, *relation-harmonique* (p: 17, parag: 15.).

FAUX-RAPPORT ou *fausse-relation*: disposition contraire aux lois naturelles de l'attraction.

Le faux-rapport est toujours imminent lorsqu'on double, au point de départ, une note qu'on altère au point d'arrivée (A); ou bien, lorsque sans cependant doubler cette note, son altération ne se fait pas dans la même partie et sur le même degré (B):

Ces deux cas devraient être écrits comme en C D . . . .

(20) **MODULATION**: changement de gamme ou de tonalité. La modulation est:

Complète, —— lorsque le Déterminatif s'enchaîne sur son accord tonique: (A) $\overset{5}{\text{do}}$ $\overset{5}{\text{sol}}$ $\overset{6}{\text{la}}$ $\overset{\sharp 6}{\text{la}}$ $\overset{6}{\text{si}}$.

Incomplète, —— lorsqu'un non Déterminatif est étranger aux tonalités séparées par lui: (B) $\overset{5}{\text{do}}$ $\overset{5}{\text{fa}}$ $\overset{5}{\text{ré}}$ $\overset{5}{\text{la}}$ $\overset{6}{\text{mi}}$ $\overset{\sharp 5}{\text{si}}$ $\overset{5}{\text{sol}}$ $\overset{2}{\text{fa}\natural}$ $\overset{6}{\text{mi}}$ (1)

Rompue, —— lorsque le Déterminatif ne va pas à son accord-tonique: (C) $\overset{5}{\text{do}}$ $\overset{5}{\text{fa}}$ $\overset{6}{\underset{}{\overset{5}{\text{fa}\sharp}}}$ $\overset{4}{\text{sol}}$.

Les versions du 1er cas se réduisent à une; celles du 2d, à un très petit nombre; celles du 3me seulement, sont multipliées et fort utiles.

(21) La modulation peut se faire dans les tons relatifs au 1er, au 2d et au 3me degré.

Pour les relatifs au 1er, un Déterminatif suffit: $\overset{6}{\text{do}}$ $\overset{6}{\text{fa}}$ $\overset{6}{\overset{6}{\text{fa}\sharp}}$ $\overset{6}{\text{sol}}$; pour les relatifs au 2d et au 3me, on a les trois moyens, les modulations-rom-

---

(1) La modulation n'est réellement incomplète que lorsque l'accord étranger et celui qui le précède sont comme ici ($\overset{6}{\text{mi}}$ $\overset{\sharp 5}{\text{si}}$) mineurs l'un et l'autre. Dans le cas contraire, il est toujours possible de l'expliquer par une modulation-rompue.

pues et l'enharmonie. Voici les trois moyens:

(22) 1er MOYEN. Ici on traite les Consonnants comme accords toniques, après en avoir changé la 3ce de maj: en min: pour aller dans les ♭, de min: en maj: pour aller dans les ♯. Par ce moyen on peut moduler jusqu'à la différence de 6 accidents, du ♯ au ♭ ou du ♭ au ♯, ex:

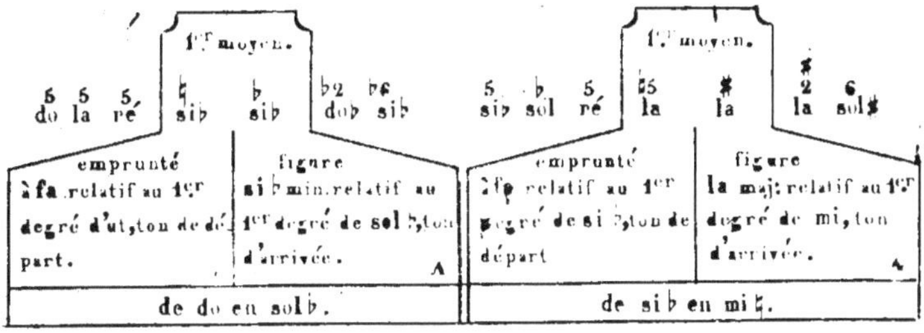

1er moyen.
do la ré
sib sib
dob sib
emprunté à fa relatif au 1er degré d'ut, ton de départ.
figure si♭ min: relatif au 1er degré de sol ♭, ton d'arrivée.
de do en sol ♭.
1er moyen.
sib sol ré
la la
la sol♯
emprunté à fa relatif au 1er degré de si ♭, ton de départ
figure la maj: relatif au 1er degré de mi, ton d'arrivée.
de si ♭ en mi ♮.

Le 1er terme ou accord de ce moyen et des suivants peut être emprunté à la gamme de départ ou à une gamme voisine (relation au 1er degré), mais ce terme n'est ordinairement bien choisi que lorsque sa conséquence figure l'accord-tonique du ton ou l'on va, ou d'un ton voisin (▲).

(23) 2d MOYEN. Ici on traite les Consonnants maj: comme Déterminatifs des tons mineurs. Par ce moyen on peut moduler jusqu'à la différence de 7 accidents, du ♯ au ♭, sans réciprocité:

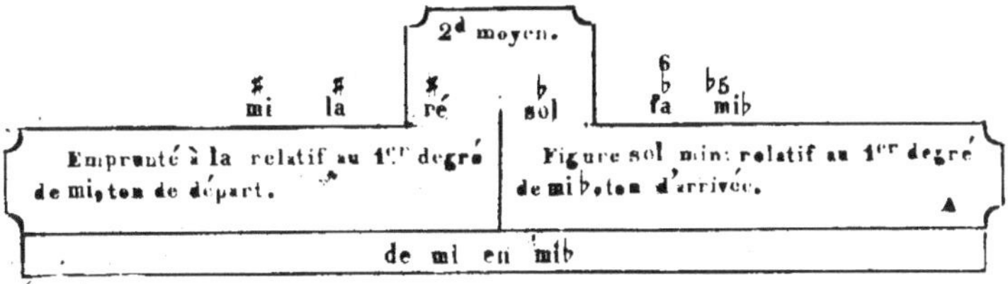

(24) 3e MOYEN. Ici on traite les Consonnants maj: comme accords-toniques des tons majeurs. Par ce moyen on peut moduler jusqu'à la différence de 6 accidents, du ♭ au ♯, sans réciprocité:

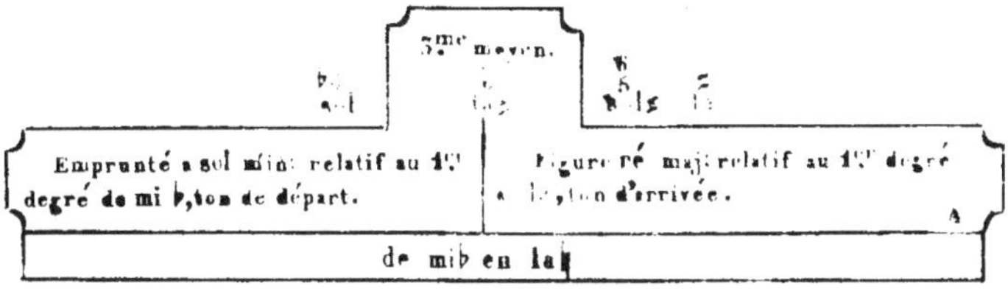

3me moyen.
Emprunté à sol min: relatif au 1er degré de mi ♭, ton de départ.
Figure ré maj: relatif au 1er degré de la, ton d'arrivée.
de mi♭ en la

Le plus utile des accords, pour le terme unique de ce moyen, est l'accord maj: du 5me degré des tons mineurs relatifs au 1er degré.

(25) *Modulation-rompue.* La rupture peut se faire d'une manière quelconque, pourvu que la relation-harmonique ou respective des deux accords soit N° 1 (p: 17.). En voici un exemple en partant de $\overset{7}{sol}$ Déterminatif d'*ut* maj, ton et mode pris pour point de départ.

Relation des deux accords							
N° 1 (a)		N° 1 (b)		N° 1 (c)		N° 1 (d)	
7 sol	5 la	7 sol	6/5 sol♯	7 sol	♭5 la♭	7 * sol	♯6/5 sol♯

La rupture se fait,

En a sur un accord de la gamme d'ut,

En b sur l'accord d'une gamme relative au 1er degré,

En c, ——— ——— au 2d,

En d, ——— ——— au 3me;

Par une suite de Déterminatifs ajoutés bout à bout on peut encore faire une suite de modulations rompues:

(en do)	7 sol	6/5 sol♯	♯4/♭ sol♮	♯6/♮5 fa♯	♮5 sol♯	6 la
	m r:	m r:	m r:	m r:	m c:	

Dans ce cas, le second terme de la modulation, de proche en proche, devient le premier de celle qui la suit. On y observe autant que possible la loi des attractions pour les dissonances, surtout lorsque les Dissonants ne sont pas enchaînés par 5te maj: inf: (encht. normal, p: 16.).

(26) ENHARMONIE: mêmes sons et notes différentes, comme *do♯ ré♭*. Elle est à trois degrés:

Au 1er si, d'un accord à l'autre, les sons et les chiffres sont semblables $\overset{\sharp}{do\sharp}$ - $\overset{\flat 5}{ré\flat}$;

Au 2d, si les sons sont semblables et les chiffres différents: $\overset{\flat 7}{do\sharp}$ $\overset{\sharp 6}{do\sharp}$,

Au 3me, si les sons, partiellement ou en totalité, sont différents: $\overset{\sharp}{do\sharp}$ $\overset{\sharp 4}{do}$

Tous les accords sont susceptibles de l'enharmonie au 1er et au 3me degré, 9 seulement se traduisent par l'enharmonie au 2d. En voici le tableau:

---

* La relation-harmonique est ici N° 2 pour l'œil, mais justifiable ou susceptible d'être ramenée au N° 1 par l'enharmonie, deux fois par celle du second accord: $\overset{7}{sol}$ $\overset{7}{sol\sharp}$ à *do* et à *la* min: $\overset{7}{sol}$ $\overset{\sharp 2}{la\flat}$ à *do*; une fois par celle du premier: $\overset{\sharp 6}{\underset{sol}{5}}$ $\overset{\sharp 6}{\underset{sol\sharp}{5}}$ à *fa♯*.

	Titres.	notation	Traduction de l'accord.			Traduction du chiffre.	direction	Faces.
1	5te min:	5 si		♯4 3 si	✕2 si	5 par 4/3, 2.	au ♯	3
2	7me 1	7 sol	♯6 5 sol			7 par 6/5.	au ♯	2
3	7me 3 sans 3ce	7 3 (barré) si		✕ ♯4 si		7 par 6/4.	au ♯	2
4	7me dim:	♭7 si	♯6 5 si	♯4 3 si	✕2 si	7 par 6/5, 4/3, 2.	au ♯	4
5	maj: 5te aug:	♯5 sol	♮6 5 sol	♮ ♮4 sol		5 par 6, 6/4.	au ♭	3
6	maj: 5te min:	♭5 ♮ sol		♯4 3 sol		5 par 4/3.	au ♯	2
7	7me 1 5te min:	7 ♭5 ♮ sol		♯ ♯4 3 sol		7 par 4/3.	au ♯	2
8	9me maj: sans fond: 5te aug:	7 ♮5 ♯ si		✕ ♯4 ♯ si		7 par 4/3.	au ♯	2
9	9me min: sans fond: 5te min:	♭7 ♭ si		♯ ♯2 si		7 par 2.	au ♯	2

Chacun des 9 accords ci-dessus, y compris sa traduction, forme une *Série-enharmonique*. On les nomme *Enharmoniques*, et les modulations dont ils sont la clef, *Enharmonie* ou modulation enharmonique.

(27) Pour établir une Enharmonie, il faut deux termes ou faces d'une même série: l'Enharmonique et l'une de ses traductions.

Le 1er et le 2d terme sont ordinairement bien choisis, s'ils ne s'écartent pas de la relation au 1er degré (p: 19.), l'un, du ton point de départ, l'autre, du ton point d'arrivée. Voici, eu égard à cette perfection nécessaire, qu'elles seraient les opérations, si l'on devait moduler de *la♭* en *sol* ♯ min: par la 5te min: 1ère formation (p: 6.) écart, fraction ou dépendance de 7me No 1 ou dominante:

1° le choix de la 5te min: qu'on emprunterait à *la* ♭ ou à l'un de ses relatifs au 1er degré;

On aurait donc,

p: *la* ♭ ton de départ . . . .

p: *si* ♭ min. (relatif au 1er degré)

p: *do* min. (id. . . . .)

p: *ré* ♭ (id. . . . .)

p: *mi* ♭ (id. . . . .)

p: *fa* min. (id. . . . .)

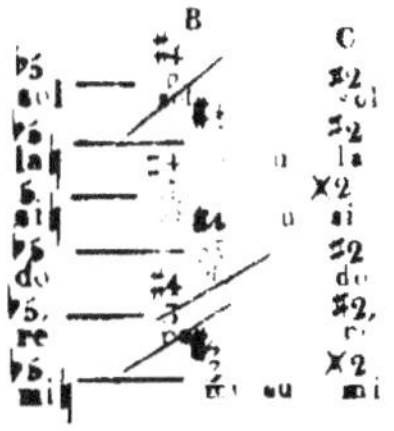

D'où résulterait, par la 5te min, 9 manières de faire la modulation proposée, puisque 8 des traductions B C appartiennent aux tons voisins de *sol* ♯ min, et une, la dernière, au ton de *sol* ♯ min: (v. même);

2° la traduction enharmonique de cette 5te (v: B C ci-dessus.) et le choix des deux termes;

3° enfin, l'addition des deux ailes au corps de la modulation. Voici la modulation de *la* ♭ en *sol* ♯ min: par $\overset{\flat 5}{la\natural}$ emprunté à *si* ♭ min:

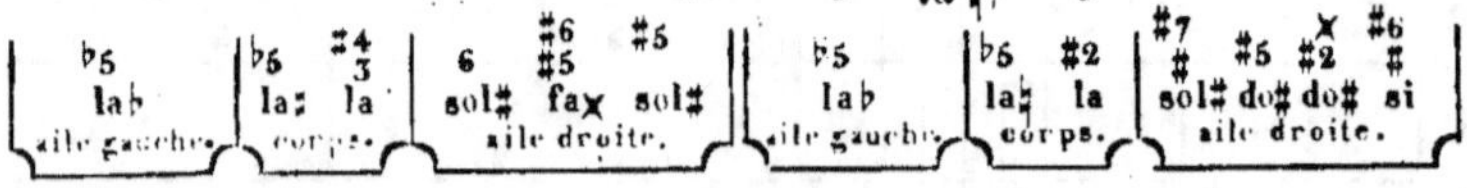

Si, pour exercice, on voulait refaire le tableau de notre premier livre (gd texte, p. 154.) ou réaliser une même modulation par chacun des 9 enharmoniques ci-dessus, en les empruntant au ton de départ et à ses 6 relatifs au 1er degré, il faudrait en former 10 sections qu'on exposerait successivement en commençant par la 5te min:* En voici le modèle pour les quatre premières, la modulation étant de *la* ♭ en *sol* ♯ min:

A, B, C, Versions biffées ou en blanc parce que nulle enharmonie du 1er terme n'aboutit au ton de sol♯ min. ou à l'un de ses tons voisins: $\overset{4}{si\flat}$ et $\overset{\sharp 2}{si\flat}$ (enharmonie de $\overset{\flat 5}{si\flat}$ dépendance de la 9me min. $\overset{\flat 9}{mi\flat}$) détermineraient fa et ré.

D, E, F, même observation.

G, H, I, même observation: $\overset{\sharp 4}{si\flat}$ $\overset{\sharp 4}{ré}$ $\overset{4}{mi\flat}$ (enharmonie de $\overset{\flat 7 \, \flat 5}{si\flat}$ $\overset{7 \, \flat 5}{ré}$ $\overset{\flat 7 \, \flat 5}{mi\flat}$ 1ers termes) détermineraient les tons maj: la, do♯, ré.

On sait que la modulation ne se fait bien qu'en maj: avec les altérés:

à moins que l'accord résolutif ne soit modifié par un retard de la 3ce:

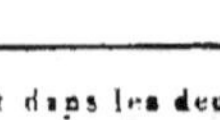

(v. accidlle 4, p: 80.).

Pour élucider ou simplifier ce travail, on peut en écarter, comme ici,

1° toute version enharmonique dont le 2d terme ne détermine pas le ton où l'on va, ou un ton voisin de celui-ci;

---

* On sait que la 9me mais ses dépendances s'emploient dans les deux modes.

* 10 sections, si la 5te min: est successivement empruntée aux formations 1, 2 (p: 6) ou employée comme dépendance de 7me 1 d'abord, et de 9me min: ensuite (v: 1, 2, ci-dessus.) (Il est ici, par abréviation, passé outre aux sections 1, 2, du gd texte.)

2° la 7me $\frac{5}{}$ dépendance de 9me maj: dont les versions sont presque toujours obtenues par la 7me 3 dépendance de 9me min;

3° l'aile gauche de chaque modulation, qu'il est toujours facile d'ajouter lorsque le 2^{d} terme est dans les Conditions précitées (1er parag:).

N^{a}. lorsque la série enharmonique tourne à l'opposé du ton où l'on va, on traduit d'abord le 1er terme au 1er degré avant de le traduire au second. Voici qu'elle serait la 2de opération ci dessus, si l'on devait aller de sol ♯ min: en la ♭ par $\overset{5}{la}$ ♯, fraction de 7me N° 1. empruntée au 5me degré de *si* . . . .

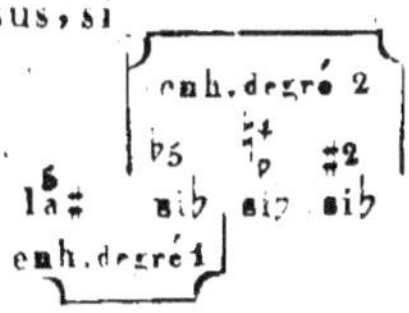

Cette opération qui, pour le corps de la modulation, fournirait deux versions au choix . . . .

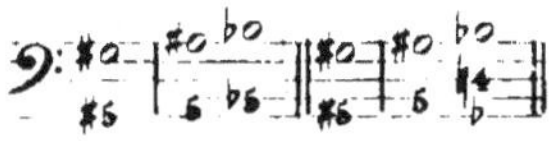

explique le parti qu'on peut également tirer de l'enharmonie au 1er degré.

L'enharmonie au 1er et l'enharmonie au 3me degré, complètent celle au 2^{d}. Quoique moins riches, on peut cependant les utiliser. Voici encore la même modulation (la♭ - sol♯ min:) établie par ces deux enharmonies:

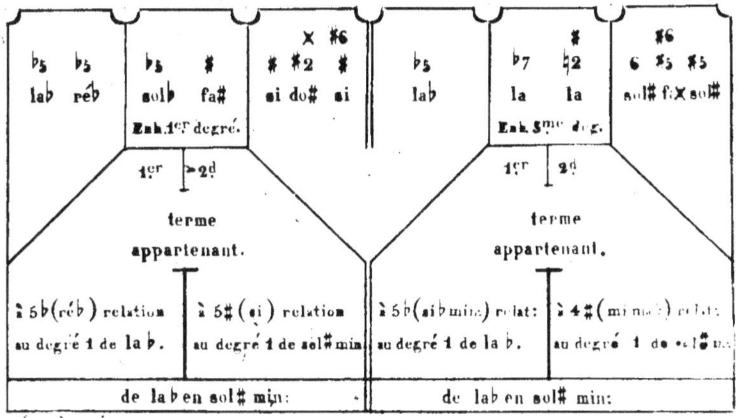

(28) ***Remarque.*** Pour s'expliquer l'ench^{t} des accords, lorsque l'enharmonie est au 3me degré, on traduit l'un des deux termes au 1er ou au 2^{d}, (s'il est susceptible de cette dernière traduction. v: p: 22) pour le comparer ensuite au terme opposé ou non traduit. Le résultat de cette comparaison doit être une *relation-harmonique* N° 1 (p: 17.) comme en g-i, dans le cas contraire, l'ench^{t} des deux termes est indubitablement vicieux comme en k, l.

a b c, traductions au 2ᵈ degré de ♭7 la / ♯ la (1ᵉʳ terme), celle au 1ᵉʳ n'ayant pas fourni la relation voulue (♯7 solx – 2 la);

d, traduction au 2ᵈ degré de ♯2 la (2ᵈ terme), celle au 1ᵉʳ n'ayant pas fourni la relation voulue (♭7 la x2 solx ou ♭7 la ♭♭2 si♭♭);

e f, traductions au 1ᵉʳ degré (les seules possibles) du 1ᵉʳ et du 2ᵈ terme.

g-j, relation-harmonique N° 1 (p: 17);

k-l, relation-harmonique N° 2 (—).

Ainsi, l'enharmonie ♭– la ♯2 la est ici trois fois justifiable par la traduction du 1ᵉʳ terme (a b c) et une fois par celle du 2ᵈ (d), une fois suffisait.

Dans la pratique cette traduction est ordinnairement considérée comme une explicative inutile, et par conséquent supprimée; c'est à cause de cela que nous nommons *Ellipse* l'enharmonie au 3ᵐᵉ degré (p: 23).

Par ce qui précède on voit que la modulation se divise et se subdivise toujours en trois parties, et qu'il y à clarté et bénéfice à suivre cette disposition naturelle, en la notant comme ci-dessous. C'est une triade singulière dont l'analyse musicale fournit souvent l'exemple.

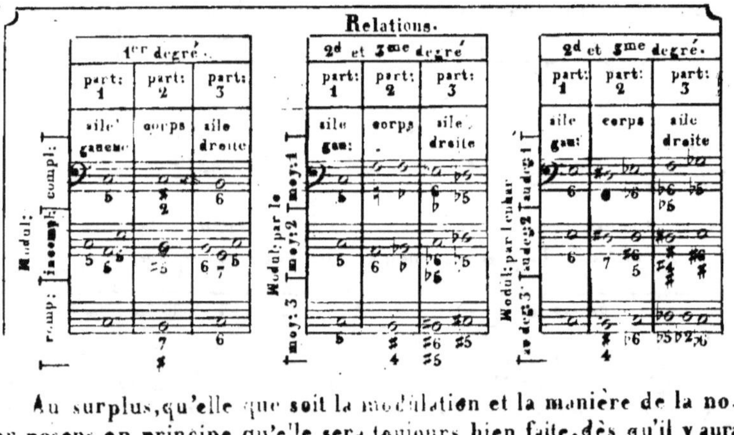

Au surplus, qu'elle que soit la modulation et la manière de la noter, posons en principe qu'elle sera toujours bien faite, dès qu'il y aura *relation-harmonique* N° 1 pour chacun des accords dont elle se compose. Le reste dépend de la durée de ces mêmes accords et de leur parfaite réalisation. Cette relation résume en deux mots, toute la théorie des modulations.

a, numero de la relation-harmonique;

b, m-r = modulation-rompue, m-c = modulation-complète

Remarque finale. — Lorsqu'on veut affermir une modulation complète, on y attache une espèce de coda nommée formule de cadence parfaite à cause des deux dernières notes qui, en effet, constituent cette cadence. Voici, en un tableau la somme à peu près complète de toutes les formules possibles:

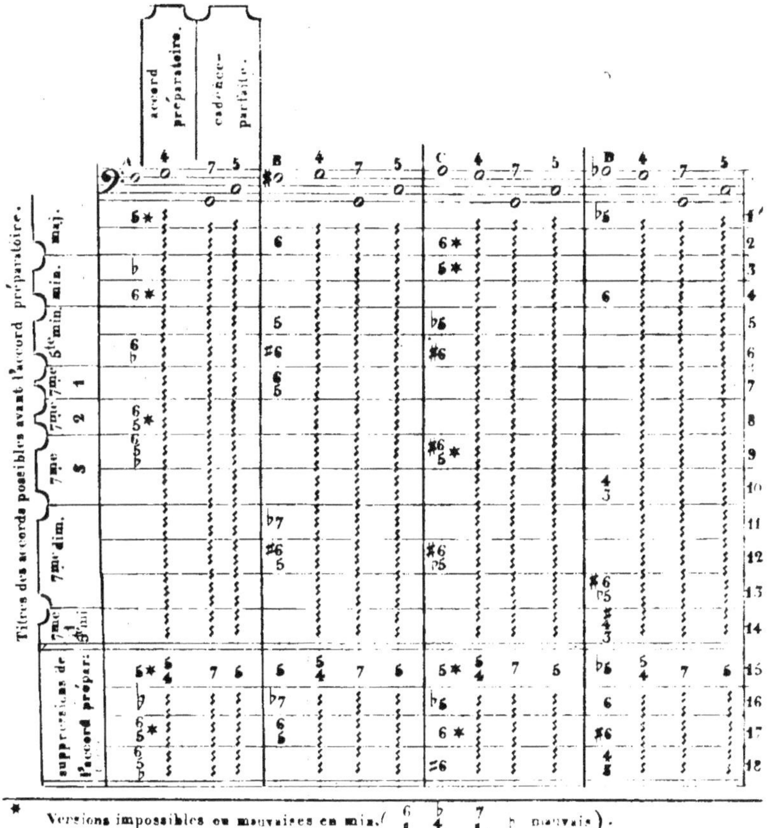

* Versions impossibles ou mauvaises en min. (6 4 7 mauvais).

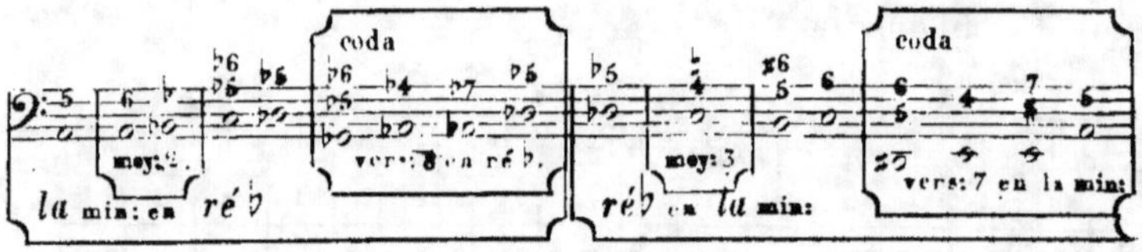

S'il y a rupture de la modulation sur un Consonnant, on peut encore conclure dans un ton quelconque en y ajoutant l'une des précédentes formules transposée dans le ton où l'on veut aller: la modulation sera toujours bonne, dès que les deux accords limitrophes (le dernier de la modulation et le premier de la formule) se lieront bien, si d'ailleurs on a le soin de les prolonger suffisamment afin de ne pas étrangler la modulation:

Voici le tableau, à peu près complet, de toutes les versions qu'on pourrait ajouter à l'accord final de la modulation-rompue ci-dessus:

													nombre des versions
maj:	5					5		5	♭5		5	♯	6
	♭6	6	♭6	6	6	♭6	6	♭6		6		6	10
min:	♭		♮		♮	♭		♭		5			6
	6	♯6 ♯5				6		6	6		6		6
5te min:	♭5	5	♭5	5	♭5	♭5	5	♭5	♭♭5	♭5	♭5	5	12
	6 ♭	♯6	6	♯6	♯6	6 ♭	♯6	6 ♭	6 ♭	♯6	6 ♭	♯6	12
7me 1	♭6 ♭5	6 5	♭6 ♭5	6 5	6 ♭5	♭6 ♭5	6 5	♭6 ♭5		6 ♭5	♭6 ♭5	6 5	11
7me 2	6 5					6 5							2
7me 3	6 5 ♭		6 5			6 5 ♭		6 5 ♭		♯6 5	6 5 ♭		6
	♯4 3	♯ ×4 ♯				4 3		♯4 3	4 3		4 3		6
7me dim:	♭♭7	♭7	♭7	7	♭7	♭♭7	♭7	♭7	♭♭7	♭7	♭♭7	♭7	12
	6 ♭5	♯6 5	6 ♭5	♯6 5	♯6 ♭5	6 ♭5	♯6 5	6 ♭5	6 ♭♭5	♯6 ♭5	6 ♭5	♯6 5	12
7me 1 5te min:	♯ ♯4 3	× ×4 ♯	♯ ♯4 ♯			♯ 4 3		♯ ♯4 3	♯ 4 3		♯ 4 3		7

a, les relations-harmoniques 2, fort nombreuses ici, sont toutes justifiables ou susceptibles d'être ramenées au n°1, comme $\frac{5}{do}$ $\frac{\sharp 5}{do\sharp}$ qu'on peut traduire par $\frac{5}{do}$ $\frac{b6}{ré}$, dépendances de la même gamme (*fa* min: 5me et 4me degré).

Le total des versions ci-dessus se réduirait environ à 97, si l'accord final de la modulation rompue était min.

2.me LIVRE.

FORME: notes étrangères au Fond ou aux accords. On les nomme Accidentelles. L'accidentelle est,

(29) N° 1 (Broderie) lorsqu'elle coupe la même note à distance de 2de. . . . .

Le *Tuteur* est indifféremment l'*Antécédent* ou le *Conséquent.**

Elle peut se produire sur tous les temps, avec valeurs quelconques, mais les temps faibles et les brèves sont préférables. Approximatif de sa plus grande valeur. . . . .

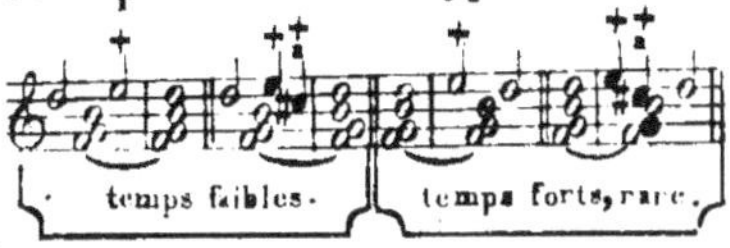

Diatoniquement, la supérieure se fait avec les notes du ton où l'on est, mais on peut rapprocher l'inf: (v a).

(30) N° 2 (note de passage) lorsqu'elle remplit diatoniquement ou chromatiquement un intervalle de 3^ce ou de 4te. . . . .

Le Tuteur est à volonté le Conséquent ou l'Antécédent, lorsque l'accid^lle. s'en trouve à distance égale, dans le cas contraire, elle prend pour tuteur celui des deux dont elle est le plus proche: *ré♯* en a ci-dessus, a *fa* pour tuteur et non *do*.

Elle peut se produire sur tous les temps avec valeurs quelconques, mais les temps faibles et les brèves sont préférables. Approximatif de sa plus grande valeur. . . . .

Diatoniquement, elle se fait avec les notes du ton où l'on

---

* *Tuteur*, note fleurie ou dont l'accidentelle tient la place; *Antécédent*, note placée à gauche de l'accidentelle; *Conséquent*, note placée à droite de l'accidentelle.

est et celles de l'accord qui l'accompagne (V: leçon 4e).

(31) N° 3 (appogiature) **lorsque le degré conjoint la lie au Conséquent, si le disjoint la sépare de l'Antécédent** . . . .

Le Conséquent est Tuteur.

Elle peut se **produire sur tous les temps avec valeurs** quelconques . . . .

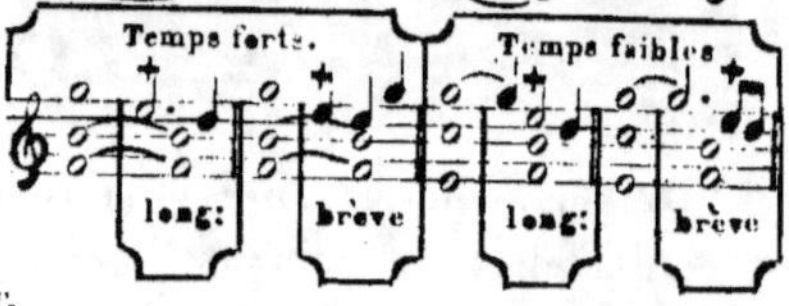

Diatoniquement, elle se fait avec les notes du ton où l'on est, sauf l'inf: qu'on peut rapprocher.

(32) N° 4 (Retard ou suspension) **lorsque l'Antécédent et l'accidentelle sont la même note, si le degré conjoint la lie au Conséquent** . . . .

Le Conséquent est Tuteur.

Elle peut se **produire sur tous les temps, avec valeurs quelconques; néanmoins, la partie de la mesure où se produit** la résolutive (a a) doit être relativement **moins forte** que celle où se produit l'accidentelle (+ +), **sauf le cas ou accidentelle et résolutive entrent sur un temps semblable** (+ b) . .

Diatoniquement, elle se fait avec les notes du ton où l'on est, sauf l'inf: qu'on rapproche dans la double 1ère **division**.

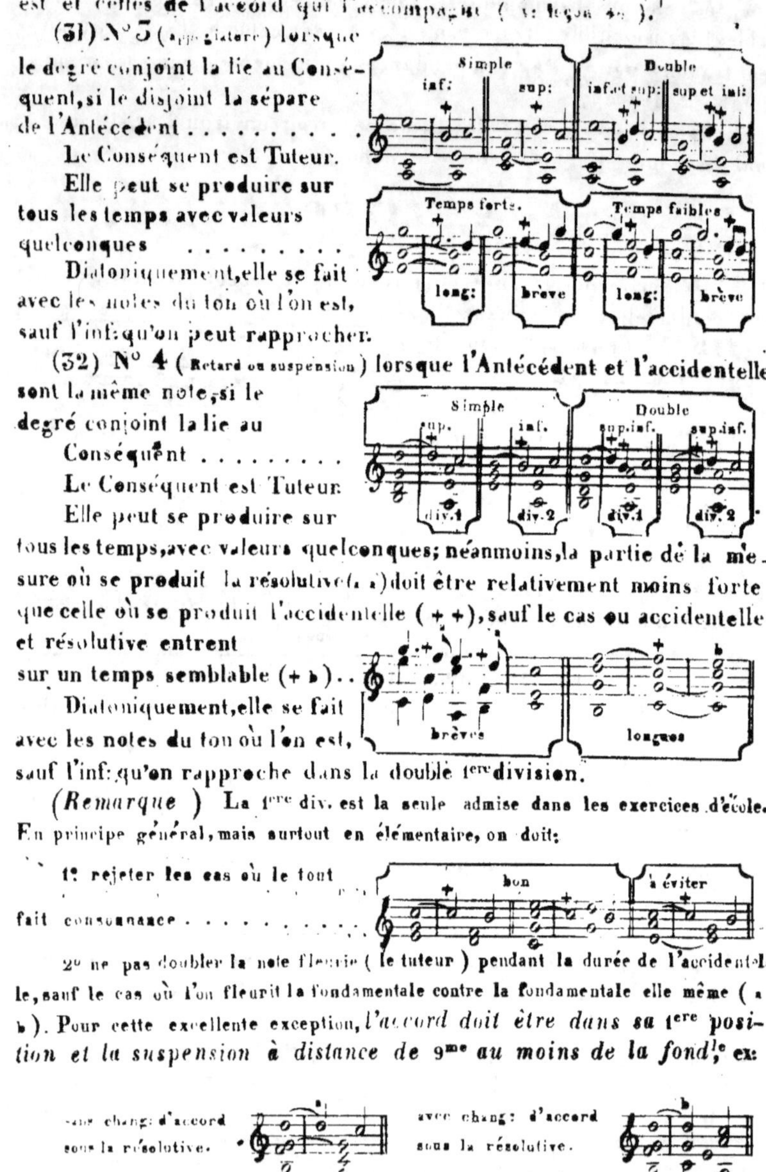

(Remarque) **La 1ère div. est la seule admise dans les exercices d'école.**

En principe général, mais surtout en élémentaire, on doit:

1° **rejeter les cas où le tout fait consonnance** . . . .

2° ne pas doubler la note fleurie (le tuteur) pendant la durée de l'accidentelle, sauf le cas où l'on fleurit la fondamentale contre la fondamentale elle même (a b). Pour cette excellente exception, *l'accord doit être dans sa 1ère position et la suspension à distance de 9me au moins de la fond!e ex:*

sans chang: d'accord sous la résolutive.

avec chang: d'accord sous la résolutive.

3° être sobre des suspensions doubles qui ne sont qu une exagération des dissonances (c. d).

Sans chang: sous la résolutive 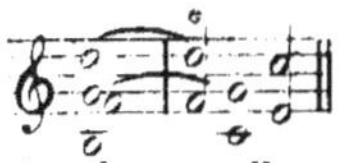

Avec chang: sous la résolutive 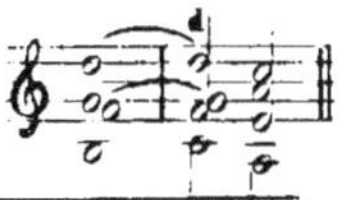

4° ne pas produire de nouvelles accidentelles à l'entrée de la suspension et de sa résolutive . . . . 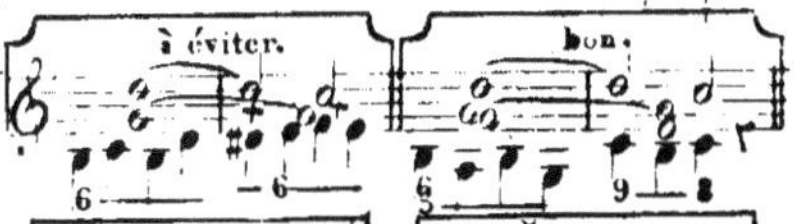

5° n'employer des diverses manières de la réaliser que les suivantes . . . . 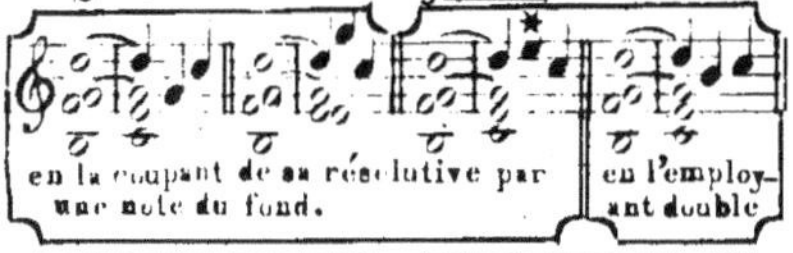

mais en ayant soin, ici comme ailleurs, que de la suppression de la *Forme*, résulte un *Fond* correct, ce qui n'aurait pas lieu en A, comme le prouve la dissection en B . . . . . . 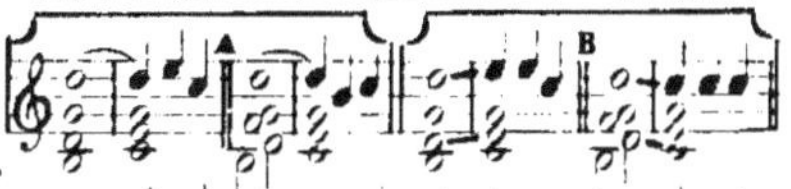

6° donner à l'antécédent une valeur au moins égale à celle de l'accid^lle . . . . 

7° Enfin ne la produire, elle et sa résolutive, que sur les parties de la mesure indiquées ci-dessous par + r:

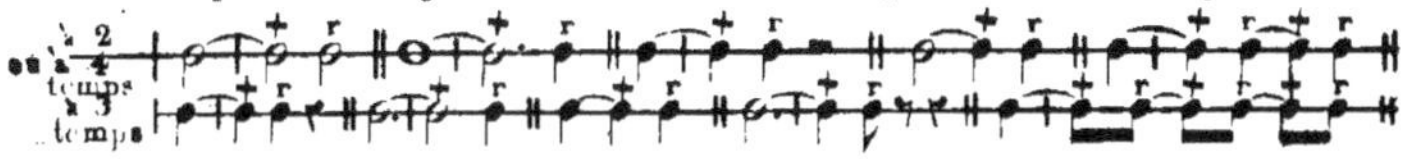

Voici, par rapport au *Fond* ou aux accords, les versions que présentent les quatre précédentes accidentelles.

L'accidentelle est encore:

(33) N° 5 (Syncope ou Retard), lorsque l'Antécédent et l'accidentelle sont la même note, si le degré conjoint la sépare du Conséquent . . . . 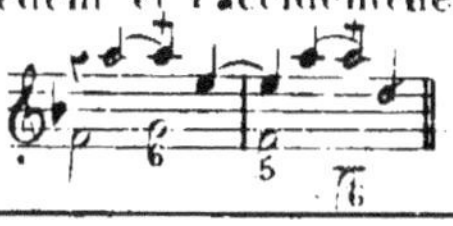

* ce cas appartient en réalité à la 2de division.

Le Conséquent est tuteur.

Elle peut se produire sur un temps quelconque, avec de courtes valeurs en général; mais, comme pour l'accidentelle 4, sa résolutive ne doit jamais entrer que sur une partie de la mesure relativement plus faible.

(34) N° 6 (Pédale) lorsque l'Antécédent, l'accidentelle et le Conséquent sont la même note . . . .

Elle est sans Tuteur.

On peut choisir, pour pédale, la tonique ou la dominante du ton principal ou d'un autre ton, mais bien déterminé d'abord. En principe général, mais surtout en école, la pédale doit être:

1° note réelle en commencant et en finissant;

2° rarement étrangère à plus de deux accords consécutifs;

3° constamment note grave des parties qui la surmontent.

Du reste, on peut moduler à volonté sur la pédale et y employer toutes les autres accidentelles. Il est cependant bon que les modulations ne s'y fassent pas au delà des gammes dont la pédale fait partie (relation au 2d degré, p: 19.); avec *do*, pédale tonique ou dominante, on n'excéderait donc pas 1 ♯ et 5 ♭, puisqu'en dépassant cette limite, le *do* ♮ cesserait d'exister.

Ce qu'on nomme pédale-haute ou médiaire n'est ordinairement qu'une note du *Fond* contre laquelle la *Forme*, seule ou combinée avec le fond, fait harmonie. Pour que cette sorte de pédale soit bonne, il faut qu'on puisse à volonté prouver ou nier son existence. Elle est prouvée en *a*, niée en *b*:

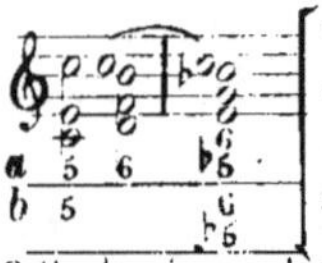

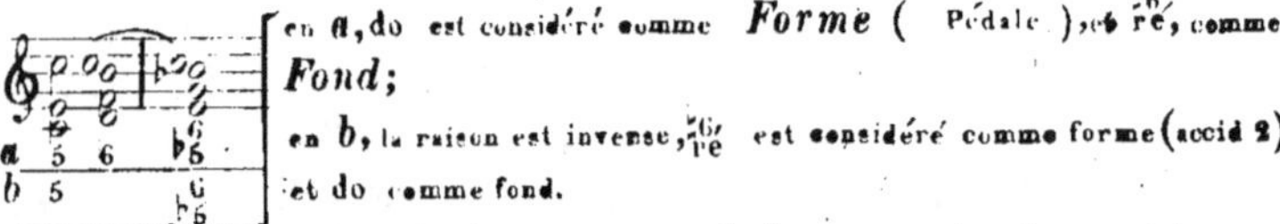

en *a*, do est considéré comme *Forme* (Pédale), et ♭6 ré, comme *Fond*;

en *b*, la raison est inverse, ♭6 ré est considéré comme forme (accid 2) et do comme fond.

Cette derniere analyse est la plus logique parceque la forme ne peut rester sans tuteur ou sans appui.

(35) N° 7 (Anticipation) lorsque le degré conjoint la lie à l'Antécédent, si l'accid: et le Conséquent sont la même note, A, ou deux notes différentes, B . . . . .

L'Antécédent est Tuteur.

(36) N° 8 (Échappée) lorsque le degré conjoint la lie à l'Antécédent si le degré disjoint la sépare du Conséquent . . . .

Dans la 1re div: l'accord reste le même, il change sous le conséquent dans la 2de. Dans tous les cas, l'accidentelle est toujours étrangère à l'accord frappé sous le conséquent

L'Antécédent est Tuteur.

Ces deux dernieres accid:les (7 et 8) ne doivent se produire qu'à l'extrémité de la mesure ou du temps, et généralement avec valeurs des plus brèves.

En école, les seules accid:les admises sont 1, 2, 4 * 6 et 7, 2de div: surtout.

DISSECTION: suppression des accidentelles qu'on remplace par leur Tuteur. Souvent elle peut s'effectuer de plusieurs manières pour une même succession, ex:

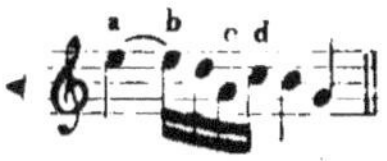

Dissections de A

ici, mi en b, ayant les apparences d'une accid: 4 div: 1, est ainsi traité et remplacé par son tuteur, ré.

ici, mi en a b, ayant les apparences d'une accid. 5 est ainsi traité et remplacé par son tuteur, ré.

ici, la do en c d, ayant les apparences d'une accid: 3 double, sont ainsi traités et remplacés par leur tuteur si.

ici, suppression complète de tout ce qui en A a les apparences de la forme.

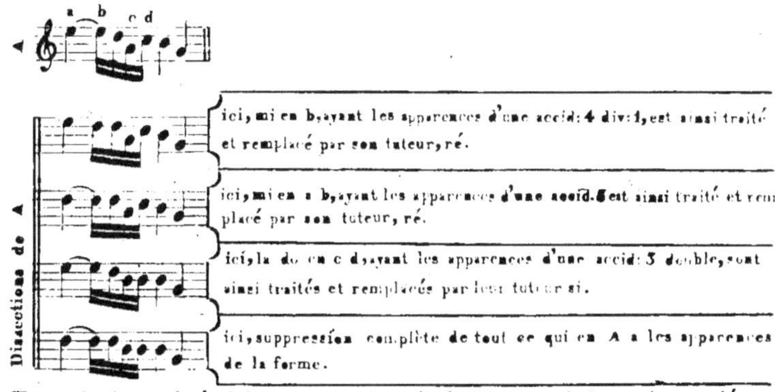

En principe général, la suppression de la Forme doit toujours découvrir un Fond correct, si elle est bien traitée.

(37) **ACCIDENTELLES HARMONIQUES** ou simultanées.

Nous nous bornerons ici à la transcription de cette règle: que les principes du Fond restent applicables à la Forme lorsqu'elle se produit dans plusieurs parties à la fois, c-a-d, que le résultat doit être une chiffraison correcte toutes les fois que l'on passe l'inf: des parties fleuries par cette épreuve (la chiffraison). A est dans ce cas, comme on le voit en B où les parties non fleuries sont supprimées:

De ceci résulte l'harmonie de la Forme, harmonie inostensible ou inchiffrable lorsque la réalisation en est au 2d degré de pureté (parag: 38) comme en c, et souvent ostensible ou chiffrable, lorsque la réalisation en est au 1er degré de pureté, comme en D

---

* l'accidentelle 4 y est l'une des plus estimées.

La précédente règle n'est applicable ni à la Pédale qui n'est que la prolongation d'un même son, ni à l'accidentelle par direction contraire; car avec cette dernière et par cette direction, les intervalles les plus inharmoniques peuvent être frappés, pourvu que ce soit avec une certaine vitesse, ex:

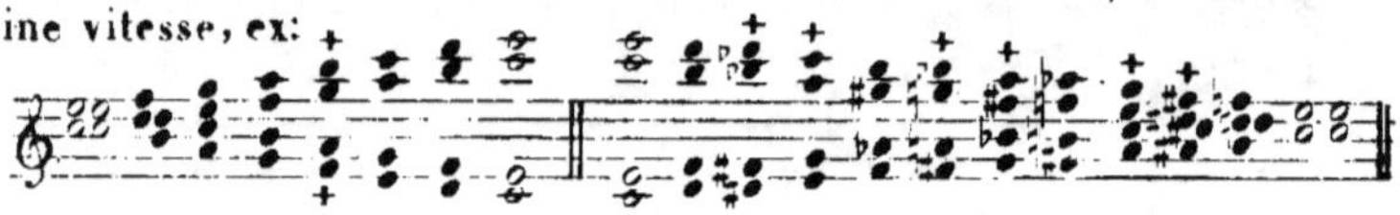

(38) PURETÉ. De la *Forme* et du *Fond* réunis résultent trois degrés de pureté. Selon le cas, la réalisation est donc:

Au 1er degré, lorsque la note fleurie n'est doublée nulle part pendant la durée de la forme, A;

Au 2e degré, lorsqu'on double cette note à l'8ve inf: (No 1), ou à l'8ve sup: (No 2), ce qui est moins bon, B;

Au 3me degré, lorsqu'on la double à l'unisson, C;

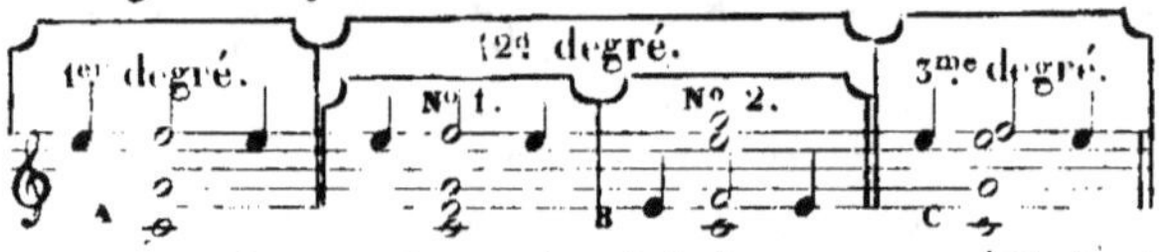

Le 1er, plus parfait que les autres, doit leur être préféré pour peu que la Forme ait quelque durée, surtout en élémentaire.

Le 2e, fort usité dans la musique légère, est ordinairement sans inconvénient tant que la Forme est brève ou rapide.

Le 3me, fréquent en instrumentation, doit être soigneusement évité en élémentaire. Il faut cependant remarquer ceci, que l'imperfection de ce degré et du précédent est toujours en raison directe de la durée des accidentelles et de la variété des timbres:

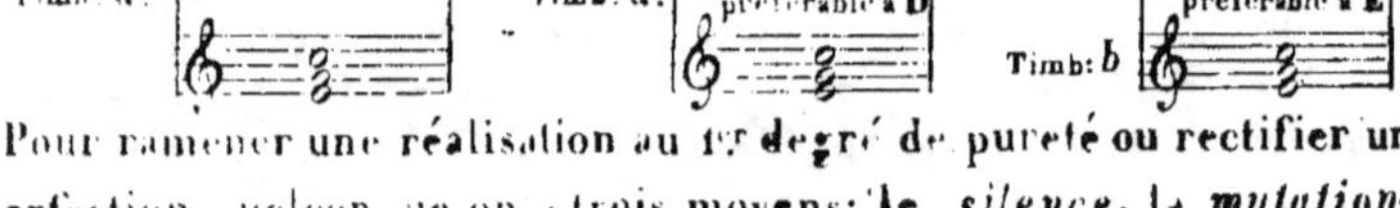

Pour ramener une réalisation au 1er degré de pureté ou rectifier une imperfection quelconque, on a trois moyens: le *silence*, la *mutation-harmonique* ou l'abandon d'une note pour une autre note du même accord, la *mutation-mélodique* ou l'emploi de la Forme, ex:

FACE DIVERSES produites par l'addition de la *Forme* au *Fond*. De la Forme et du Fond réunis peuvent résulter

1° une agrégation entièrement consonnante, A;
2° ———— harmonique } diss: B, C;
3° ———— inharmonique }
4° ———— inharmonique pour l'œil seulement, D:

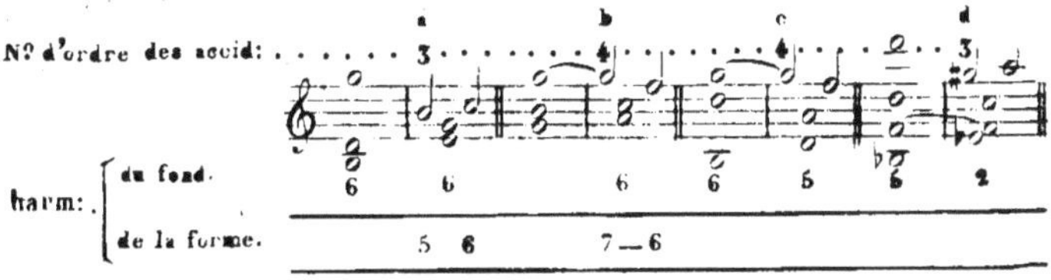

En a b, la Forme est niable, puisqu'on peut admettre, en a, un accord min: en b, une 7me 2 sans 5te; en d la Forme est flagrante, mais, pour l'œil seulement et non pour l'oreille qui peut percevoir $\overset{\flat 4}{\underset{mi}{2}}$ (groupe harmonique) au lieu de $\overset{\sharp 5}{\underset{mi\flat}{2}}$ (groupe inharmonique). a b constituent un *Double-aspect*.

(39) **DOUBLE-ASPECT**. Il est de trois sortes. Harmonique, B; Enharmonique, C; Mélodique, D:

Harmonique en B, parce que la fondle réelle, de l'un et de l'autre accord ne peut être déterminée que par l'accord résolutif.*

Enharmonique en C, parce que chacun des accords de cette série peut se traduire par l'enharmonie au 2d degré, et qu'une méprise est constamment possible par suite de cette propriété.

Mélodique en D, parce que l'analyse peut se faire de deux ma-

* On sait que cette fondle est à la 3ce maj: inf: lorsqu'elle est 5me degré du mode maj: et à la 5te maj: inf: lorsqu'elle est 5me degré du mode min: (p: 6.). Ainsi, la racine de $\underset{si}{5}$ $\underset{si}{7}$ est *sol* pour le ton d'ut maj: et *mi* pour le ton de la min:

—nières, comme en *a*, si l'on considère *ré* et *fa* comme *forme* (accid 2 ou notes de passage), comme en *b*, si on les considère comme *fond* (7me 2 enchaînée par exception.).

L'aspect a autant de faces que d'analyses possibles, ce qui veut dire qu'il n'est pas seulement double, mais souvent triple, quadruple, &. Il est quadruple dans ce qui suit, ce que démontre les chiffraisons *c—f* toutes distinctes les unes des autres, chiffraisons d'où résultent les dissections *E*.

*L*e Double-aspect est la clef de presque toutes les énigmes classiques, car lui seul peut expliquer clairement une foule d'obscurités, entre autres, la non préparation de la 4te min: (juste), l'enchaînement irrégulier des Dissonants et la marche irrégulière des dissonances. De là cette assertion, dont l'analyse pourrait démontrer la solidité, qu'un cas fautif en apparence, cesse de l'être en réalité s'il est justifiable. Or, un cas quelconque est mécaniquement justifiable, lorsqu'on peut supprimer ou remplacer par un autre le chiffre indicatif de l'imperfection, ce qui, par conséquent, sous-entend toujours plusieurs analyses possibles ou diverses manières d'envisager un même Fond (v: *c—f*):

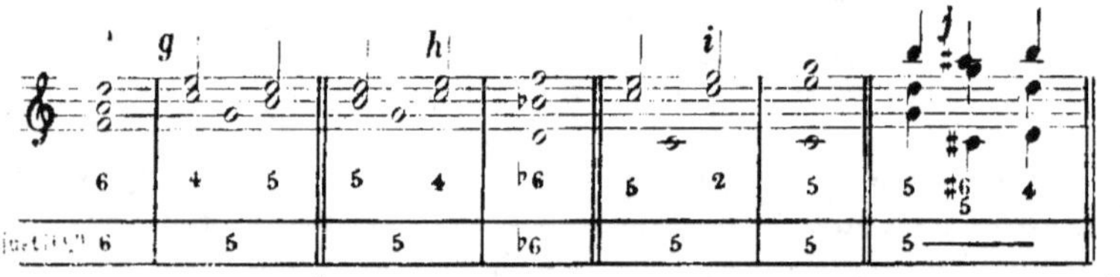

g, 4te non préparée, mais justifiable, puisqu'en supprimant *do mi* qui ont les apparences de la Forme (accid.lles 3 et 1), reste *fa* *sol* pour Fond.

h, 4te mal résolue, mais justifiable puisqu'en supprimant *do mi* qui ont les apparences de la Forme (accid.lles 1 et 2), reste *sol* *ré* pour Fond.

i, Dissonant (accord) avec enchaînement exceptionnel, mais justifiable, puisqu'en supprimant *ré fa* qui ont les apparences de la Forme (accid.lle 2), reste *do* *do* pour Fond.

j, résolution irrégulière de la dissonance *sol*, mais justifiable, puisque *do#* et *la#* ont les apparences de la Forme (accid^{lles} 5 et 1), et qu'en les remplaçant par leur Tuteur, reste *sol ré ré* (6 sur *sol*) pour Fond.

Le Double-aspect est parfait lorsque nulle de ses faces ne prête à la critique: . . . .

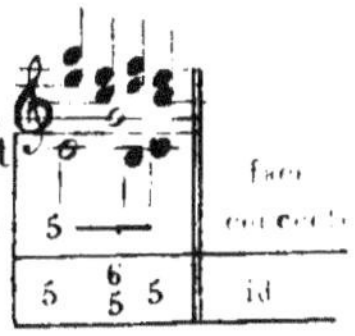

Le 1er degré de pureté l'engendre souvent, tel serait F qui, noté comme en G, serait susceptible de l'une des chiffraisons K I.

notation au 2d degré de pureté sans double-aspect.

notation au 1er degré de pureté avec double-aspect (K I).

(*R*) **BRISURE** ou arpège: manière de faire entendre mélodiquement plusieurs parties par une seule, ex:

Brisures diverses de l'accord en A.

Elle est régulière à différents degrés:

Au 1er lorsque le nombre des parties, le dessin et l'ordre de succession ne varient pas; tel serait C, brisure de B.

Le dessin [illegible] son ordre [illegible] fidèlement reproduisant en [illegible], ce qui fait que chaque partie se trouve symétriquement rendue [illegible] de rôle ou par concordance de temps, [illegible] exprime la répétition équidistante des mêmes chiffres. Mais, différentes causes s'opposent parfois à cette régularité parfaite, telles sont entre autres l'augmentation et la réduction des parties à briser.

Cette même régularité peut également s'observer en fleurissant la Brisure:

Quant au dessin-type et à son Ordre de succession (•), on peut les choisir à volonté.

Le propre de la régularité au 1er degré est d'énoncer clairement le nombre et la marche des parties. Ceci posé, libre à soi de briser moins régulière [illegible], si cela peut suffire.

MANIÈRES DIVERSES DE RÉALISER LES ACCIDENTELLES EN PARTICULIER. On peut les réaliser:

1°. par le trémolo total ou partiel, A;
2°. en les coupant par de petits silences, B;
3°. en les coupant par les notes du fond, C;
4°. par l'amalgame des précédents cas, D;

(41) CASES: système par lequel on extrait mécaniquement d'un chant donné toutes les harmonies possible.(1)

Pour plus grande facilité, on peut toujours le réduire à sa 1ère division,(2) [illegible] supprimer les Altérés (Accroissement 5, gd texte p: 121) souvent difficiles à manier, ce qui réduit l'extraction aux *Accroissements* 1—4, lesquels comportent,

Le 1er, les deux Consonnants, qui sont les seuls points de départ de toute extraction, lorsque les Dissonants sont enchaînés régulièrement (enchaînement normal p: 16.);

Le 2d, les deux 5tes min: dépendances, l'une de la 9me maj:, l'autre de la 9me min: ($\overset{6}{si}$ et $\overset{\flat 6}{ré}$ en do maj: ou min:);

Le 3me, les trois 7mes fondamentales (1, 2, 4);

Le 4me, les deux 7mes non fondamentales (7mes dépendance de 9me

---

(1) Toutes les extractions, non seulement harmoniques, mais encore mélodiques proposées dans le cours de nos leçons portent sur ce système.

(2) Extraction harmonique sans modulation ou en restant dans une même tonalité.

maj:,7me dim:et 7mes dépendance de 9me mi: $\underset{si}{7}$, $\underset{si}{♭7}$, $\underset{re}{\overset{7}{♭5}}$, en do maj:).

On peut procéder de deux manières:

1º en séparant les accroissements,c-à-d,en terminant complètement l'accroissement 1 avant de passer à l'accroissement 2,(A);

2º en mêlant les accroissements ou en posant de suite tous les accords qu'on peut obtenir avec chacun des chiffres de la série *a* (B):

Série *a* : 5 6 4 ‖ 7 $\frac{6}{5}$ $\frac{4}{3}$ 2

	A *b*	A *c*	A	B *b*	B *c*	B
	5	5		5	5	
accr: 1 consonnants. •		4	Si la justification est possible.		♭5.	si la justif: est possible.
accr: 2 5te min: dépend: de 7 sol.		6	id. — La justif: n'est possible que lorsque la note point d'arrivée offre une issue à la 4te min,et la possibilité d'un encht normal (réel ou apparent) pour les dissonants: l'encht exceptionnel étant ici écarté pour diminuer la complication.		6.	id. . . . .
accr: 2 dépend: de ♭9 sol.		♭5	id.		4.	id. . . . .
accr: 3 7mes fond: (1 2 3).		7	id.		7.	id. . . . .
accr: 3		$\frac{4}{3}$	id.		$\frac{7}{♭5}$.	id. . . . .
accr: 4 7mes au fond: dép: de ♭9 sol.		$\frac{6}{5}$	id.		$\frac{6}{5}$.	id. . . . .
accr: 4 7me dim:		$\frac{6}{♭5}$	id.		$\frac{6}{♭5}$.	id. . . . .
accr: 4 dép: de ♭9 sol.		$\frac{7}{♭5}$	id.		$\frac{4}{3}$.	id. . . . .

(v. p: la 4te p: 17,et p: les disson: p: 15–16)

ANALYSE

a, chiffres représentatifs de toute l'harmonie,toujours mis en tête de l'extraction;

b, colonne de départ ne contenant qu'un point de départ ou accord consonnant.($\underset{do}{5}$). On indique cette colonne par une +,afin qu'elle ne soit pas perdue de vüe avant que la série *a* ait été essayée ou passée après chacun des points de départ qu'elle contient;

c, colonne d'arrivée. Elle fournirait deux points de départ ($\underset{re}{6}$, $\underset{re}{4}$) pour le cas ou l'extraction serait continuée avec enchaînement normal des Dissonants,c-à-d que la série *a* serait d'abord essayée après $\underset{re}{5}$ puis après $\underset{re}{4}$, second et dernier point de départ ou accord consonnant de cette colonne.

MARCHE SUIVIE

(pour la 1re manière)

	𝄢 o	o	
Accr: 1	6	~~6~~	(maj:) étranger à do.
	≀	6	(min:) bon.
	Ce qu'on répète avec 6, 4, en formant acc: maj: et min: avec chacun d'eux.		
Accr: 2	≀	♭5	(5te min:) bon.
	Ce qu'on répète avec 6, 4, en formant 5tes min: avec chacun d'eux.		
Accr: 3	≀	~~7/6~~	(7me 1) étrang: à do.
	≀	7	(7me 2) bon.
	≀	~~♯7~~	(7me 4) étrang: à do.
	Ce qu'on répète avec $\frac{6}{5}$, $\frac{4}{3}$, 2, en formant 7mes 1, 2, 4, avec chacun d'eux.		
Accr: 4	≀	~~7/♭5~~	(7me 3) dép: de 9me maj: étrang: à do.
	≀	~~♭7~~	(7me dim:) étrang: à do.
	≀	7/♭5	(7me 3) dép: de 9me min:
	Ce qu'on répète avec $\frac{6}{5}$, $\frac{4}{3}$, 2, en formant 7mes 3 et dim: avec chacun d'eux.		

(pour la 2de manière)

𝄢 o	o	
6	~~6~~	(maj:) étranger à do.
≀	6	(min:) bon.
≀	♭5	(5te min:) bon.
≀	~~♭6~~	(maj:) étrang: à do.
≀	~~6/4~~	(min:) id:
≀	6	(5te min:) bon.
≀	4	(maj:) bon:
≀	~~♭4~~	(min:) étrang: à do.
≀	~~4~~	(5te min:) id:
≀	~~7/6~~	(7me 1.) étrang: à do.
≀	7	(7me 2.) bon.
≀	7/♭5	(7me 3.) bon.
≀	~~♯7~~	(7me 4) étrang: à do.
≀	~~♭7~~	(7me dim:) id:
Ce qu'on a continué avec $\frac{6}{5}$, $\frac{4}{3}$, 2, en répétant avec ch[illegible] ce qui fut fait avec 7.		

Si enfin on veut soumettre une succession fleurie à ce système, on la dissèque d'abord, ex:

And°

Extraction des accid^lles^ indiquées par une + (1).

même version, sauf l'accidentelle remplacée par son tuteur.

même version, sauf la division du son remplacée par l'unité.

même version, sauf la suppression du Rhythme – va leur.

---

(1) On sait qu'on peut à volonté traiter comme [illegible] les apparences de la forme.

Opération que l'on peut compléter ensuite en indiquant par un compartiment et un tiret,

1°, toutes les notes que l'on peut ranger dans la même tonalité,(2) afin d'y appliquer la première division du système, B;

(2), toutes les notes susceptibles de passer sous un même accord, car il est évident que chacune d'elles ne peut en avoir un particulier, surtout lorsqu'elles sont rapides comme en A ci-dessus, C;

Ceci fait, reste l'harmonie à extraire en procédant d'après l'une des deux manières indiquées ci-dessus (p: 39-40):

Vers	Colonnes. 1	2	3	4	5
1	5	6 —	6 —	6 —	6 —
2		4 —	6 —		
3		$^{6}_{5}$ —	4 —	6 —	
4		6 (a)	4 —		
5		4 (b)	4 —		

$\overset{5}{\text{Sol}}$, départ de la colonne 1; 6, 4, $^{6}_{5}$ ont pu lui succéder.

$\overset{6}{\text{Sol}}$, $\overset{4}{\text{sol}}$, départs de la colo: 2; 6, 4 ont pu leur succéder, ce qui a nécessité leur report en a b.

$\overset{6}{\text{Mi}}$, $\overset{4}{\text{mi}}$, départs de la colo: 3; 6 a pu leur succéder.

$\overset{6}{\text{Do}}$, départ de la colo: 4; 6 a pu lui succéder.

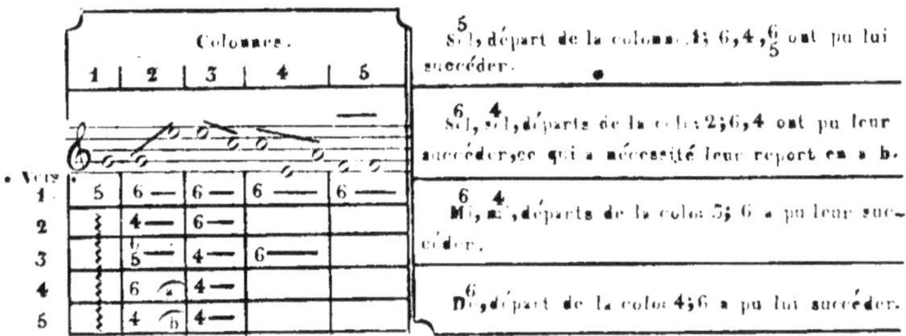

RÉSULTAT FINAL.

vers: obtenue par les mélanges (v: leçon 25, g: texte).	vers: précéd: + la forme le rhythme-valeur et l'addition d'une basse.	vers: précédente + deux parties complémentaires.

(2) Division-tonale v: l: 1, p: 161 (gd texte.).

RÉALISATION: notation complète et définitive d'une harmonie qui n'était primitivement indiquée ou sténographiée que par les chiffres.

Le nombre des parties réalisantes peut s'élever de 1 à 7, ce qui, y compris la *Principale*, donne 2 et 8, minimum et maximum de toutes les réalisations ou harmonies praticables.*

Les harmonies à plus de 4 parties, appartiennent aux exagérations d'école. Les croisements, les faux-rapports, les chutes mauvaises sur la 5te, l'8ve et l'unisson, y sont souvent inévitables: $\overset{5}{do}$ $\overset{5}{ré}$, à plus de 5 parties, ne serait pas susceptible d'une réalisation absolument correcte.

En pratique, les harmonies à plus de quatre parties appartiennent aux imprévus, comme en instrumentation par exemple, où elles sont très souvent une conséquence fortuite et passagère du *Tronqué* 2(14.).

La réalisation peut se diviser ainsi:

Réalisation { d'école (style sévère). pratique (style libre).

(42) **Réalisation d'école.** Cette réalisation a presque toujours une *Principale* pour objet. Cette principale, souvent improvisée par le maître, ou tirée de quelque recueil ad hoc, peut occuper l'une quelconque de ces trois places: le grave, le milieu, l'aigu, plus généralement le grave.

Au *grave*, on la chiffre, puis on la réalise après notation de la partie aigue ou de celle qui en tient la place;

Au *milieu*, on y ajoute la basse, puis les autres parties ensuite;

A l'*aigu* id:

Les deux parties notées d'abord, autant que possible, doivent être conçues avec les meilleures notes de l'harmonie, surtout du grave à l'aigu, ce qu'on peut cependant réduire à cette règle principale: ne pas placer la 5te aux extrêmes surtout lorsqu'elle est sensible:

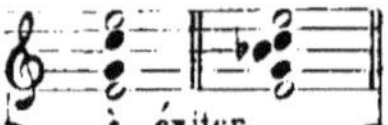

à éviter.

Voici, pour compléter cette remarque, le tableau des notes préférables à conserver dans l'harmonie à 2 et à 3 parties, notes susceptibles d'être placées partout, pourvu que la 5te dim: n'en soit pas la conséquence. Celles qu'on supprime sont indiquées par une noire.

---

* réalisation et harmonie sont ici synonymes.

titres.

maj:

min:

5te min:

7me 1.

7me 2.

7me 3.

7me 4.

9me maj:

9me min:

altérés.

maj: 5te aug:

maj: 5te min:

7me 1, 5te aug:

7me 1, 5te min:

7me 4, 5te aug:

9me maj: 5te aug:

9me min: 5te min:

Néanmoins, des causes diverses s'opposent parfois à cette perfection désirable des parties extrêmes de l'harmonie; par exemple, il a été passe outre,

En A, parce que la 5te de l'accord (*sol*) ne pouvait être accompagnée que par la fondle ou la 3ce (*do* ou *mi*). Cette dernière étant plus harmonieuse nous l'avons choisie;

En B, parce que la sensible (*si*) appelait sa résolutive (*do*);

En C, D, E, parce que le choix devenait impossible par suite des meilleures notes absorbées d'abord par les deux parties déjà notées:

Dans tous les cas, la règle doit être observée dans la mesure du possible.

Sous le rapport mélodique, une Principale peut être: *nulle* ou une sorte de plain-chant aux valeurs uniformes; *mixte* ou une succession plus ou moins modifiée par l'accidentelle 4, ou par des notes qui en ont les apparences; *prononcée* ou une succession plus ou moins chantante (voyez les partimenti de **Fenaroli, Perne, Sala, Choron &.**). **La Principale est** [illegible]

De l'une quelconque des réalisations d'école, lorsqu'elle est.. *nulle*

De la 2de et de la 3me, lorsqu'elle est . . . . *mixte*

De la 3me seulement, lorsqu'elle est . . . . *prononcée*

On ne peut guère la réaliser autrement, dans ces deux derniers cas, sans commettre une sorte d'anachronisme classique. En effet, ce serait une maladresse et souvent une faute irrémissible pour bien des praticiens, que de traiter comme *Fond* ce qui, plus ou moins, affecte les apparences de la *Forme*. Ceci s'appelerait, pour le 2d cas, manquer les **Retards** ou les dissonances, et pour le 3me, manquer de capacité.

La réalisation d'école peut se faire,

1° par le **Fond** seul (*réalisation de 1ere classe*);

2° par le **Fond** modifié par l'accidentelle 4, l'une des plus accréditées en école (*réalisation de 2de classe*);

3° par le **Fond** modifié par la **Forme** et la matière scientifique, c-à-d, par les accidlles 1, 2, 4, 6, 7 et les mutations (*réalisation de 3me classe*).

Pour exemple, nous allons passer la succession suivante par ces trois modes de réalisation:

a, parcelle mélodique qu'on pourrait à la rigueur considérer comme une sorte d'idée dominante à cause de ses fréquentes apparitions;

b b, imitations de a a;

c, autre parcelle avec laquelle on a fait la progression d-e réalisée en imitation *simple-continue* (1: 6, g.d texte.).

Les voix en masses étant supposées les constants interprètes de la réalisation d'école, il s'ensuit encore une foule d'exigences qu'il faut nécessairement satisfaire, dès qu'on veut donner à cette réalisation toute la perfection désirable. On y évite entre autres,

1º les successions rapides ou trop instrumentales. Cependant les *secondaires* (parties réalisantes.) peuvent y affecter le *rhythme-valeur* de la *principale*, si elle est prononcée ou chantante. Dans le cas contraire, la croche est à peu près la plus haute expression des brèves qu'il faut y employer, et encore ne doit-elle s'y produire que très discrètement. Les dessins suivants, où elle figure par petits groupes de deux ou trois, y sont fort usités:

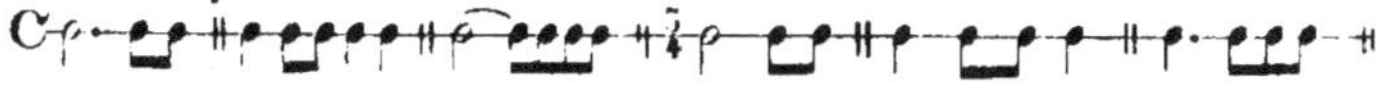

2° les parcours subits du grave à l'aigu ou de l'aigu au grave et les intervalles mélodiques de 2de, mais surtout de 7me qualité (p: 6);

3. le séjour prolongé dans les limites extrêmes du diapason;

4. les [illegible] insignifiantes ou de remplissage, partant, les tenues trop longues ou excédant plus de deux mesures, maximum approximatif de prolongation;

5. les effets vacants (I.1, g^d^ texte, p: 117);

6° les chutes par direction semblable sur la 5te et l'8^ve^, lorsqu'elles ne sont pas conformes aux suivantes, les seules admises à peu près sans contestation par les puristes:

Les chutes sur l'unisson n'y sont permises que par direction contraire (pour plus amples renseig^ts^ v. I.1, g^d^ texte, p: 73-79-82-106.).

(147) Réalisation pratique. Elle constitue deux genres:

Le style { récitant.
concertant.

Dans le style récitant, l'importance mélodique appartient exclusivement à la Principale, ce qui n'a pas lieu dans le style concertant.

STYLE-RÉCITANT. On peut y traiter la Principale de deux manières: ou comme *essentielle* ou comme *inutile* à la plénitude (I.3, g^d^ texte, p: 82). Dans le 1er cas, chaque partie du tout harmonique est spéciale ou distincte; dans le 2^d^, on peut de temps en temps doubler la Principale, soit à l'unisson, soit à l'8^ve^,

1. par une partie médiaire lorsqu'elle est au grave ou à l'aigu;

2° par une partie quelconque la basse exceptée, lorsqu'elle est au milieu.

Nous appuierons ces deux manières de traiter la Principale par deux exemples, mais en notant les opérations préparatoires de la réalisation finale, opérations presque toujours préconçues sans notation par le praticien.

Chant donné ou Principale à mettre à l'aigu et à réaliser:

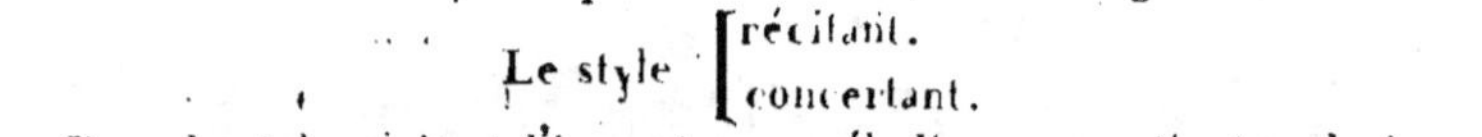

Extraction sténographiée de l'harmonie la plus conforme au caractère mélodique de la Principale (1re op: mentale);

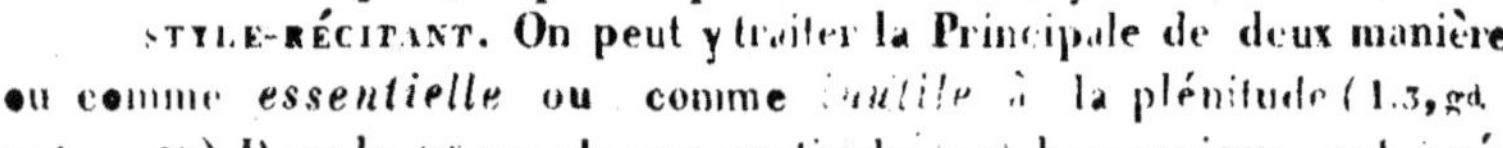

Basse ajoutée et réalisée avec des valeurs uniformes (2.de op: mentale);

Secondaires (parties 2 et 3) ajoutées et réalisées dans le sens de la précédente basse, en A la Principale étant *essentielle* à la plénitude, en B, *inutile* (3.me op: mentale).

a a a, doublures passagères de la Principale ou mutations-mélodiques servant à ramener la réalisation, soit au 1.er degré de pureté (p: 34) pour la totalité des parties réalisantes, soit au 1.er degré de plénitude (v: texte L. 1, p: 107) pour les Secondaires;

b b b, mouvements boiteux (v: texte, L. 1, p: 116.) et longues tenues dont il n'est pas besoin de se préoccuper ici, eu égard aux modestes fonctions des Secondaires; l'opération finale les rectifie d'ailleurs

c c, mutations-mélodiques. Il est préférable d'y substituer la manière *a*, si l'on veut éviter tout ce qui tend à diminuer l'importance mélodique de la Principale.

Mouvement donné aux réalisations. A-B. (*Op: finale*)

Contre partie de ce qui précède :

Lorsque la Principale est au grave, comme ici, il y a prudence à traiter la partie inférieure des Secondaires, à peu près comme si elle devait leur servir, de basse, ce qui est observé ci-dessus où elle donne

pour C. . . #6 la#	6—— sol si	6 mi	5 fa#	# 4 3 fa#	#6 fa#	5 mi	Basse passable.
pour D. . . #—— si do si	6—— sol fa# sol	6 do	#4 do	7 # si	7 # si	4 si	Basse passable.

Si la partie aigue s'y oppose, on la rectifie, ce qu'on a fait en D en substituant *mi fa fa* à *do do si* primitivement notés. (v: C, 2de op:).

Cette manière de traiter la partie inf: des Secondaires sauve-garde l'accomp! de toutes les imperfections qui pourraient résulter, soit de la distance, soit de la différence des timbres.

(44) STYLE-CONCERTANT. Ici les Secondaires changent de rôle, c-à-d qu'on peut leur donner tout l'intérêt mélodique préjugé nécessaire, ou du moins possible eu égard à la Principale déjà notée. Les moyens ordinaires sont la Forme, l'articulation, les silences, le dialogue ou les imitations: la *Forme* qui orne ou fleurit, l'*Articulation* qui caractérise ou colore, les *Silences* qui déterminent le sens ou précisent les repos, enfin les *Imitations* qui ajoutent au tout la vie et l'unité.

Voici la même Principale (p: 46.) réalisée en style concertant:

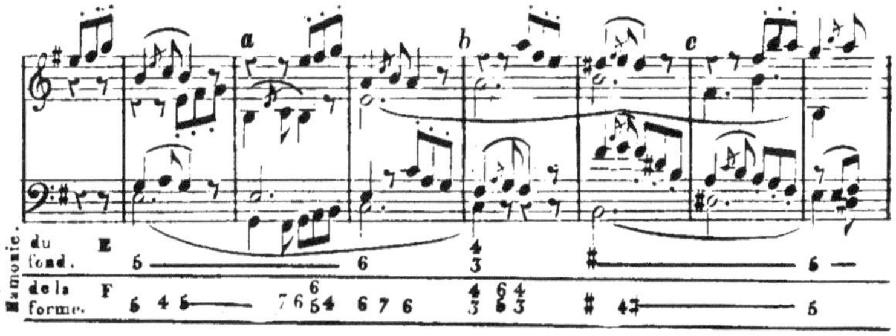

E, harmonie du Fond. Cette harmonie empruntée à l'un des exemples qui précédent (p:46) est ici conservée afin de rappeler encore qu'il n'est pas nécessaire d'en changer la nature en changeant le mode de réalisation.

F, harmonie de la Forme ou sténographie des accords engendrés par les accidentelles.

Dans ce précédent exemple, on a profité des coupures en *a, b, c,* afin d'ajouter le dialogue à la contexture mélodique des parties.

Le dialogue est ordinairement bien fait, si, résumé en une seule partie à l'aide de quelques suppressions nécessaires, le résultat est un tout chantant ou une mélodie au moins passable:

Voici comment on vérifierait ce qui précède:

Le style-concertant, très difficile à bien manier, appartient exclusivement à la réalisation de haute-école.

Il est clair qu'entre ces deux points extrêmes de la réalisation pratique (*Recitant*, *Concertant*), se trouvent d'autres points intermédiaires ou les produits que la fusion des deux styles peut offrir.

Ce dernier genre qui participe du *récitant* et du *concertant*, et qu'on pourrait nommer *mixte*, est extrêmement usité ou utilisé, surtout dans la musique dramatique.

CAS IRRÉALISABLES. En voici le tableau:

1° $\frac{6}{5}$ sur 5 lorsque la basse descend de 2^de^

2° 5 sur 5 ________________________ si le départ est 5te min:

3° 7 sur 6 ________________________ 3^ce^

4° $\frac{6}{5}$ sur 6 ________________________ 5te

Ces différents cas sont irréalisables parce que, de la marche propre à la dissonance, résulte forcément une chute fautive, sur la 5te pour le 1er et le 2^d^ cas, sur l 8^ve^ pour le 3me et le 4me. On évite ces précédentes fautes,

1° en changeant le 5 en 4 pour les cas 1,2 (A);

2° en abandonnant la dissonance principale pour les cas 3,4, ce qui n'est pas bien bon, même en pratique (B):

(45) MANIÈRES DIVERSES DE RÉALISER L'HARMONIE.

On peut la réaliser:

1° par le Fond seul, sans diversifier les valeurs pendant la durée des accords, A;

2° /par le Fond et la Forme, d'où s'ensuit forcément la diversification des valeurs, B;

3° par le mouvement d'accompagnement, sans ou avec la Forme, C, D;

4° par la Brisure régulière, sans ou avec la Forme, E, F;

5° par la désunion des accords, ce qu'on obtient en les réalisant à une grande distance les uns des autres, G. Voici un Fond réalisé d'après ces cinq manières:

Cette dernière manière, toute exceptionnelle, n'est guère usitée que dans quelques cas particuliers de musique instrumentale.

3.me LIVRE.

(46) **REPOS.** La force du repos musical est subordonnée,

1º au temps de la mesure où il se produit. En voici la série graduée pour les mesures pairs et impairs en partant du fort au faible . . . . Temps

	à quatre	à deux	à trois
Temps	1, 3, 2, 4	1 . 2,	1, 2, 3

2º au choix de l'accord, de la Position et de la Distribution. En voici la série graduée en partant du fort au faible:

	Consonnants.					Dissonants. non préparables.				Dissonants. qu'on prépare.			
à l'aigu	8	3	5	n'importe . . .									*
au grave	1	1	1	3	5	1	3	5	7	1	3	5	7

Un repos final ou conclusif se nomme *cadence-parfaite*.

La cadence-parfaite est toujours constituée ainsi: Déterminatif et accord-tonique non renversés, avec fondamentale à l'aigu au point d'arrivée, ex . . . .

En changeant la distribution au point d'arrivée on affaiblirait la cadence; en changeant l'accord-tonique de position ou en le remplaçant par un autre, on la romprait.

La cadence peut se rompre d'une manière quelconque, pourvu que

---

* Ces repos divers qu'on pourrait exactement représenter par des signes spéciaux, sont approximativement figurés par la ponctuation grammaticale dans notre 3.me livre et ses leçons (gd texte.):

Le point (.) = une cadence-parfaite définitive;
Les deux points (:) une cadence-parfaite accidentelle;
Le point et virgule (;) = un repos moindre que les précédents;
La virgule (,) = un repos plus faible encore.

les deux accords ne s'écartent pas de la *relation-harmonique* N°1 (p:17) exemples, le déterminatif appartenant à *do* maj: | *sol fa* | *sol sol#* | *sol la♭* |.

(47) la période, dont on peut classer ainsi la *manière-tonale*: 1, lorsqu'elle reste et conclu dans le même ton; 2, lorsqu'elle module dans le courant pour conclure au ton primitif; 3, lorsqu'elle conclu dans un autre ton que le primitif; la période, disons-nous, s'achève toujours par une cadence-parfaite, *définitive* si elle se fait dans le ton fondamental du morceau et si rien ne la suit, *accidentelle* dans le cas contraire.

La meilleure manière d'affermir le repos (harmonique ou mélodique) est de l'appuyer par le silence qui, par excellence en est l'expression la plus absolue. Telles seraient les Cadences-parfaites *a b*, affermies harmoniquement en A, ou dans plusieurs parties à la fois, et mélodiquement en B ou par la partie aigue que nous supposons ici Principale.

Du reste et en principe général, il y a toujours plus d'inconvénients à réduire la force des repos qu'à l'augmenter.

(48) DESSIN. Sens musical terminé par un repos.

Le plus petit dessin ne peut avoir moins de deux notes de sons distincts. Le plus grand peut en avoir un nombre indéfini, car on trouve, non seulement des périodes, mais encore des morceaux entiers construits avec un seul dessin: la majeure partie des études instrumentales sont dans ce cas.

REPRODUCTION DU DESSIN. Un dessin mélodique destiné au développement peut être reproduit de trois manières principales,

1° sans changement d'intervalle ni de direction, B;

2° avec changement d'intervalle, mais sans changement de direction, C;

3° avec changement d'intervalle et de direction tout à la fois, D;

Ainsi, la reproduction du dessin A, pourrait se faire comme en B, C, D, ou de toutes autres manières analogues:

La 1re reproduit fidèlement mais elle tend à la monotonie par l'uniformité.

La 2de, plus variée dans ses allures, quoiqu'assez exacte, tient le milieu entre les deux autres; c'est la préférable.

La 3me tend à dénaturer la contexture du type primitif. On peut néanmoins les utiliser toutes également.

(49) RHYTHME. Ce mot, dans son acception générale, a comme on sait, symétrie pour synonime.

On peut admettre trois sortes de rhythmes:

Le *rhythme-valeur,* qu'on obtient par l'amalgame des valeurs.

Le *rhythme-repos,* qu'on obtient par la reproduction équidistante des repos.

Le *rhythme-dessin,* qu'on obtient par la reproduction équidistante des dessins.

Le 1er, dont les versions peuvent se multiplier à l'infini par l'augmentation graduelle des parties, est toujours en permanence; le 2d, souvent utilisé, contient naturellement le premier; le 3me les réunis, car le dessin est toujours déterminé par un repos quelconque. Les voici rassemblés:

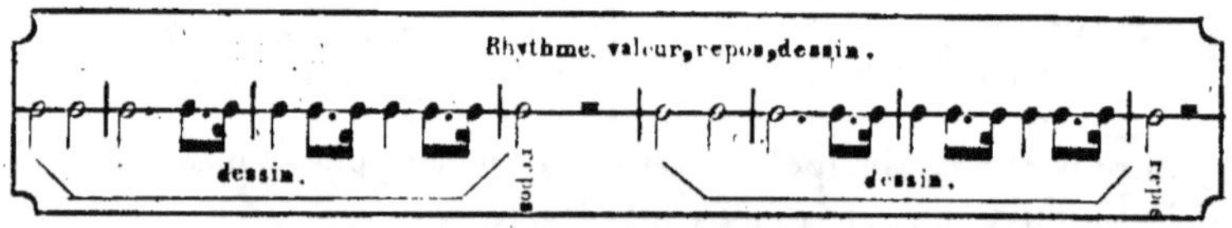

Le plus important des trois est le rhythme-repos qui est en général l'une des parties essentielles de toute mélodie bien conçue.

On ne peut guère indiquer d'une manière absolue l'étendue du rhythme-repos; cependant si l'on prend ceci, Largo C, pour point de départ, nous pensons que cette étendue peut varier de 1 à 4 mesures, minimum et maximum approximatifs. Du reste, rien n'est plus élastique que cette matière.

Les nombres pairs fournissent les rhythmes les plus parfaits. Les impairs qui n'ont pas toujours la même propriété peuvent cependant servir et parfois devenir un principe d'originalité, lorsqu'ils sont symétriquement distribués.

La meilleure manière d'employer les impairs est de les répéter immédiatement, ce qui naturellement rétablit l'équilibre des nombres.(1) Exemples ou figures de périodes formeés de rhythmes pairs et impairs:

2, 4, 5, 5, 4, 2, 3, 3, 4.	période de 32 mesures
4, 6, 6, 4, 2, 1, 1, 4.	id . . . . 28 id . . .
1, 1, 2, 2, 5, 5, 3, 3, 4.	id . . . . 26 id . . .

(50) PROGRESSION: succesion formée d'un modèle et de ses *repro*

(1) Cette répétition est nommée compagnon par REICHA (v: son traité de mélodie.)

ductions.

Elle est mélodique si elle n'a lieu que dans une partie à la fois, A; harmonique dans le cas contraire, B. Celle-ci est préférée en élémentaire.

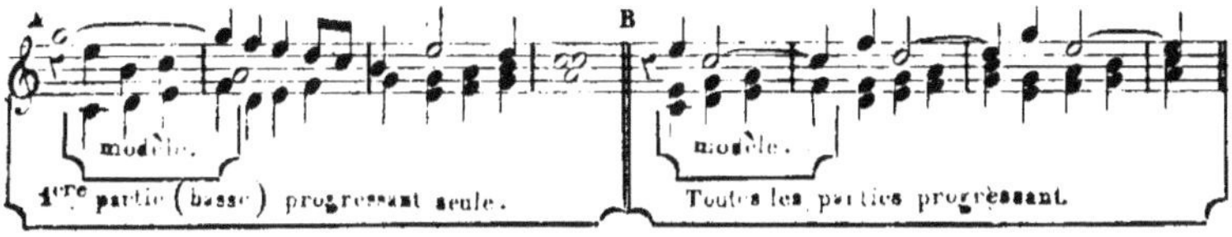

La reproduction peut se faire aux intervalles suivants: 2de, 3ce, 4te sup: ou inf:, lesquels servent d'étiquettes à la progression. Elle est par conséquent, en A ci-dessus, à la 2de sup: pour la 1ère partie (la basse); en B, à la 2de sup: pour toutes les parties.

(51) L'ORDRE-TONAL de la progression peut se classer ainsi:

No 1, lorsqu'on reste dans la même tonalité.

La limite naturelle de la progression étant ici le 7me degré de la gamme, degré qu'on ne peut employer fondamentalement sans troubler la symétrie des fondles réelles, il s'ensuit qu'il est préférable d'arrêter la progression avant, ou de la commencer après cette limite. Par conséquent, les portions préférables de la progression ci-dessous, seraient a-b ou c-d

Dans cet ordre de progression on écarte les versions où se produit l'enchaînement de 3me catégorie ou par 2de, soit dans le modèle, soit à la jonction du modèle et de sa reproduction (clef de la progression. k,) car, s'il est bon au No 1 d'abord, il ne tarde pas à se montrer mauvais au No 2 ensuite.* Il est ci-dessous, bon en e, f, k, et mauvais en g, h, i, j, l.

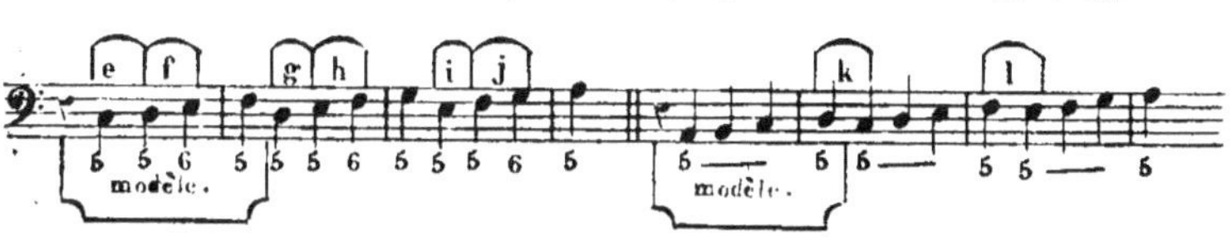

No 2, lorsqu'on module dans les relatifs au 1er degré du *ton-base* (ton qui précède la progression.).

Il est bien ici que les tonalités énoncées par les Déterminatifs se succèdent à la différence d'un accident, ce qui est naturellement plus régulier

* Les trois cas cités, p: 17, sont au No 2, les autres au No 1 (v. le gd texte p: 54.).

et tend à parfaire l'enchaînement de ces tonalités, ex:

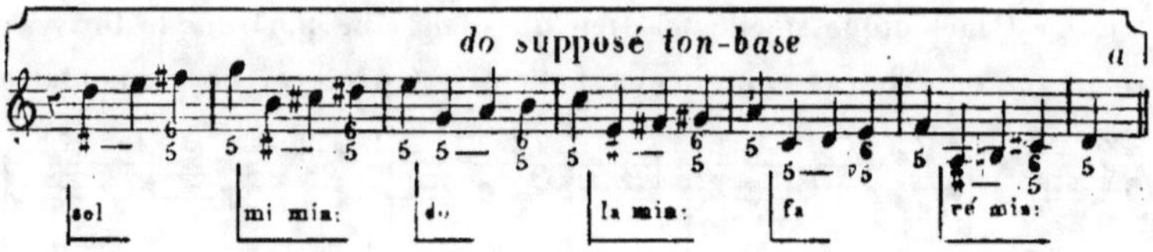

Le 7me degré du ton-base est ici, comme dans l'ordre tonal No 1, la limite naturelle de la progression, en ce qu'il ne peut fournir qu'une tonalité trop éloignée. (Cette tonalité serait, après *a* ci-dessus, si ♭ ou si ♮ min: qu'il faudrait y ajouter.). Ainsi, pour sa plus grande perfection, la progression doit s'arrêter avant ou commencer après cette limite (7me degré).

No 3, lorsqu'on module au-delà des relatifs au 1er degré du ton-base, si les tonalités sont d'ailleurs équidistantes.

Par cet ordre-tonal on peut partir d'un ton et y revenir en faisant le tour du cercle; ce qui a fait donner à cette progression le nom de circulaire, ex:

Elle peut se faire aux intervalles suivants, maj: ou min:, 2de, 3ce, 4te.

Cette sorte de progression, d'une régularité parfaite, est moins estimée que les précédentes (ordre-tonal 1 et 2), par suite de sa précision toute mécanique.

Après cette régularité dans l'enchaînement des tonalités, vient *l'ordre-tonal irrégulier*, sur lequel nous n'avons rien à dire, le caprice n'ayant pas de règle. En voici un exemple, puisqu'on module sur un point (*a*) sans moduler sur les points correspondants.

(52) L'ÉTAT de la progression est simple ou complexe:

Simple lorsque la reproduction est constamment au même intervalle pour le modèle mélodique et ses parties réalisantes:

Complexe N°. 1, si la 1ère reproduction est intégrante du modèle, soit dans une (A) soit dans plusieurs parties en même temps;

Ce qui revient à une progression simple, en prenant pour type-général le modèle simple et sa 1ère reproduction, ou les 8 premières notes de la précédente progression. Ainsi analysée, elle serait 2, 2, 2, au lieu de 4 5, 4 5,

——— N° 2, si la mélodie des parties réalisantes n'est pas la même du modèle a sa 1ère reproduction, soit dans une, soit dans plusieurs parties à la fois:

Ce qui revient à une progession simple (3,3,3,) en l'analysant comme ci dessus.

——— N°. 3, si l'harmonie change sous la 1ère reproduction du modèle, d'où résulte nécessairement un changement mélodique des parties réalisantes sous cette reproduction.

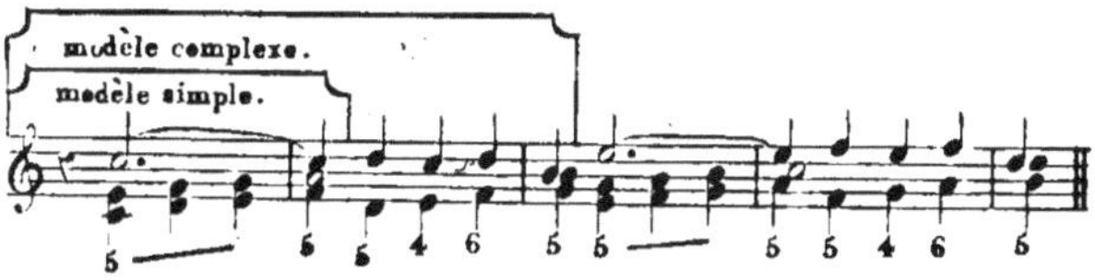

Ce qui revient à une progression simple en l'analysant comme ci-dessus.

Dans les trois précédents exemples, le modèle complexe ou général n'est formé que d'une seule reproduction, mais il est certains cas, plus rares à la vérité, où il peut en avoir plusieurs, ex:

La *clef* de la progression, formée par l'accord final du modèle et l'accord initial de sa reproduction, est le point de la progression qu'il faut parfaire autant que possible.

La progression appartient essentiellement au développement, ce qui, à coup sûr, n'explique pas la place qu'elle occupe dans presque tous les traités.

(53) CONSTRUCTION. Les éléments de la construction sont ordinairement ou un seul sujet, ou plusieurs sujets dont l'un est principal et les autres secondaires.

Le sujet principal est d'habitude celui qu'on développe le plus, bien qu'on puisse développer aussi les sujets secondaires.

Pour développer un sujet, on le décompose d'abord, A, puis, avec les dessins qui résultent de cette décomposition, on construit des phrases ou des périodes nouvelles que l'on forme, soit avec un seul dessin, B, soit avec plusieurs dessins qu'on mêle à volonté, C:

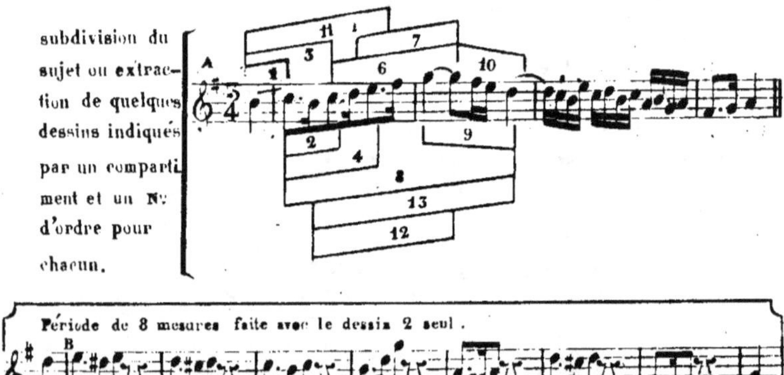

subdivision du sujet ou extraction de quelques dessins indiqués par un compartiment et un N° d'ordre pour chacun.

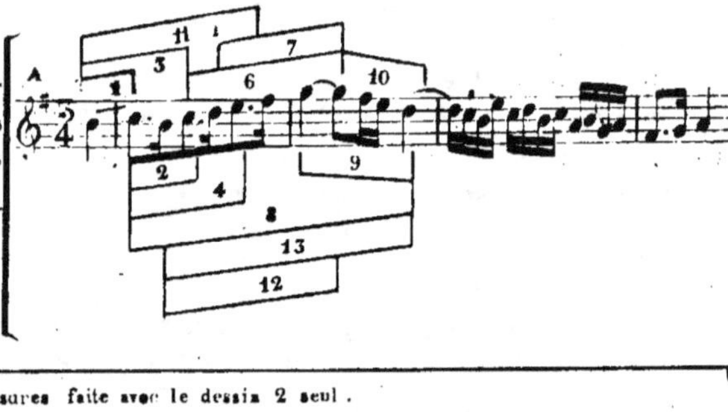

Période de 8 mesures faite avec les dessins 7, 1, 9, 12. *

Après une période on en fait une autre, et successivement; c'est ainsi que, de proche en proche, s'achève, au moins mélodiquement, l'édifice musical.

Quant à la coupe même de l'édifice, comme elle ne peut être absolue dans aucun cas, et qu'elle affecte souvent des formes tout-à-fait capricieuses, nous ne citerons que les suivantes: *unaire, binaire, ternaire* ou formées d'une, deux, trois parties distinctes. Ce sont les plus classiques.

Depuis la grande symphonie jusqu'à la simple romance, il existe d'innombrables quantités de morceaux dont elles sont la charpente.

Du reste, la manière de lever, non seulement un patron, mais encore les éléments divers d'une pièce musicale ayant été expliquée dans notre 3me livre (gd texte.) nous y renvoyons pour plus amples renseignements.

UNITÉ D'ACCOMPAGNEMENT. Si l'unité est nécessaire à la mélodie on peut dire qu'elle l'est également à son accompagnement. Il y a même cela d'avantageux qu'un accompagnement bien conçu sous ce rapport, peut souvent devenir le correctif efficace d'une mélodie faiblement homogène.

L'unité d'accompagnement peut se formuler ainsi: un dessin unique ou des dessins divers dont l'un plus souvent reproduit que les autres devient le principal.

Une foule de mélodies sont dans le premier cas, ou bien ont un accompagnement qui, souvent étendu, ne porte que sur un seul dessin.

Dans le second cas, des dessins divers, dont le caractère souvent

---

* Il n'est pas possible de fixer, même approximativement, l'étendue minime et maxime de la période; cependant, s'il fallait en donner une idée par des chiffres arbitraires, nous prendrions ces deux termes extrêmes de la durée: *lento presto* et nous indiquerions

pour le 1er, de 4 à 16 mesures,

pour le 2d, de 4 à 64 ——, puisque celui-ci est au premier, à peu près ce que 1 est à 4. L'étendue des deux périodes ci-dessus est conséquemment loin d'être exagérée.

opposé est commandé par la mélodie, peuvent se succéder; mais ici même, l'unité, toujours désirable, ne doit pas être perdue de vue. La meilleure manière de ramener ces dessins ou accompagnements divers à plus d'unité, est de les rappeler de temps en temps.

En principe général, il est mieux de ne pas changer le rhythme-valeur du dessin d'accompagnement dans le courant de la même phrase, mais plutôt après ou à l'entrée de phrases nouvelles. Ainsi, *a* serait préférable à *b* sous ce rapport:

a

b

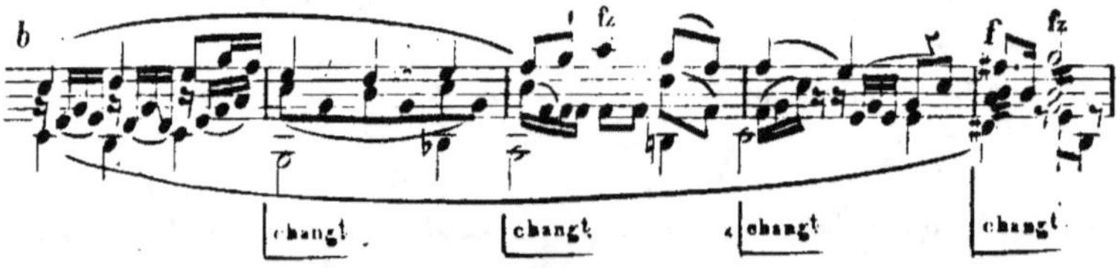

CONCLUSION.

Si l'on a suffisamment lu et médité cet abrégé, auxiliaire indispensable de nos *leçons*, si les travaux proposés dans ces mêmes leçons ont été exécutés avec quelque soin, surtout après l'exposé verbal que nous en avons pu faire, on peut avoir la certitude que tout élève non dépourvu de quelque intelligence, à dû, dans un laps de temps relativement fort court, se trouver en état:

(par les leçons 1-33.)

1° de chiffrer, sans modulation, toutes les harmonies que peut comporter une *Principale* de 1ère classe ou *nulle* (p: 44.);

2° de trouver différentes basses à l'une quelconque des versions harmoniques de cette Principale;

3° de réaliser correctement cette Principale quelle que soit sa situation (le grave, le milieu, l'aigu.);

(par les leçons 34-63.)

4° de fournir toutes les solutions possibles à une modulation proposée ou de bien chiffrer une Principale modulante.

(par les leçons 1-54, liv. 2.)

5° de réaliser correctement une Principale de 2de classe, et avec élégance une Principale de 3me, c-à-d, en produisant exactement les *Rap-*

pels et les *Imitations*, et en donnant aux Secondaires, à l'aide des accidentelles 1, 2, 4 (1re div:), 6 et 7, un caractère mélodique analogue à celui de la Principale.

Une Principale de 3me Classe, bien écrite, se compose ordinairement d'un premier jet ou idée première (a. p: 63.), et d'une suite ou développement noté de manière à ce que les Rappels et les Imitations y soient abondants et faciles à trouver.

On fait Rappel lorsqu'on reproduit l'idée première dans le cours de la Principale.

On fait Imitation lorsqu'on reproduit, dans une partie, un dessin précédemment noté dans une autre. Les dessins qui se prêtent le mieux à l'imitation sont toujours les plus courts: quelques notes, prises au hazard sur un point quelconque de la Principale, en fournissent souvent le prétexte.

L'imitation se présente régulière ou irrégulière:

Régulière 1, si, de l'imitée à l'imitante, le chiffre, la gradation et la direction des intervalles restent les mêmes (a);

———— 2, s'il y a différence par la gradation (b);

———— 3, s'il y a différence par le chiffre et la gradation (c); Irrégulière enfin, s'il y a différence par chacun des trois points précités (d). En élémentaire, la plus régulière est toujours la meilleure, surtout, lorsque l'imitante commence avant la fin de l'imitée (a-d):

On obtient les Imitations et les Rappels en les cherchant à tous les intervalles, depuis la 2de jusqu'à l'8ve lorsque la Principale n'est pas chiffrée; et, dans le cas contraire, en les subordonnant à l'harmonie de la Principale: *sol si | do* fourniraient 4 versions au choix (e-h), *sol si | do* (6 6 6) n'en fourniraient que deux (f, h,):

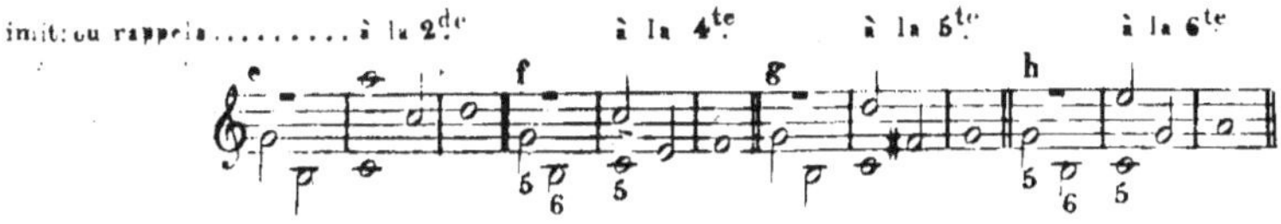

L'imitation est toujours si facile, surtout avec un petit dessin, qu'il est souvent possible, non seulement de la produire sur presque tous les points, mais encore de la poursuivre un certain nombre de fois, nonobstant les allures mélodiques de la Principale:

fragment d'une Principale, accompagnée par le dessin i reproduit en imitation.

id . . . . . .

Le Rappel n'est pas dans le même cas, à cause de son étendue d'abord, puis parce qu'il reste essentiellement subordonné à l'harmonie de l'auteur, que le hazard ne donne pas toujours, enfin parce qu'on peut souvent l'etablir sur des points non prévus, et, par contre, le manquer là où la Principale était combinée pour le recevoir: l'idée en A fournirait 5 rappels successifs dans l'espace de 4 mesures (*j*, *k*, *l*, *m*, *n*); comment deviner celui que l'auteur eut pu choisir?

Les rappels sont entiers en *j*, *k*, *m*, partiels en *l*, *n*, où l'on ne pourrait les achever sans imperfection. Inutile d'observer que, de chacun d'eux, naîtrait une chiffraison particulière de la Principale.

Cependant l'extraction des Rappels, avant la chiffraison de la Principale, peut souvent conduire à l'harmonie de l'auteur, de même que l'harmonie de l'auteur, lorsque le hazard la donne, peut conduire à trouver ses Rappels. Les points ou l'intérêt et l'activité mélodique de la Principale semblent se ralentir, sont en général un indice des Rappels et des Imitations.

Voici, pour cloture, un exemple de réalisation pour chacune des trois classes, avec une formule pour la troisième.

+ indication des retards à la basse (accidᵗ 4) ou des notes qu'on a dû traiter ainsi parce qu'elles en avaient les apparences.

On sait que le retard à la basse ne peut porter que $\frac{5}{2}$ ou $\frac{4}{2}$ (2) v. p. 38, pour les diverses manières de le noter.

Marche à suivre pour la réalisation de 3me classe:

1º examen mental de la Principale et extraction de l'harmonie présumée la plus conforme à celle de l'auteur, B;

2º croquis des Rappels et des imitations: dans la notation finale on a le soin de les mettre en relief en les précédant du silence (C);

3º notation des parties restées en blanc, ce qu'on peut faire en modifiant le croquis déjà noté, ou en déplaçant les Rappels et les Imitations. Comparez, de B à C, les mesures 6, 12, 13, 15, 16, 21, 22.

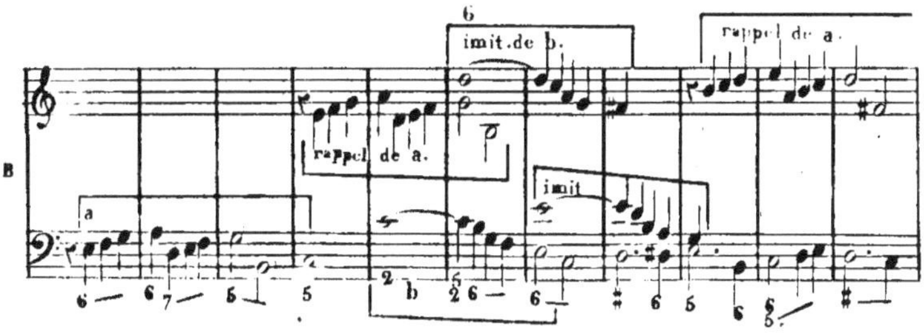

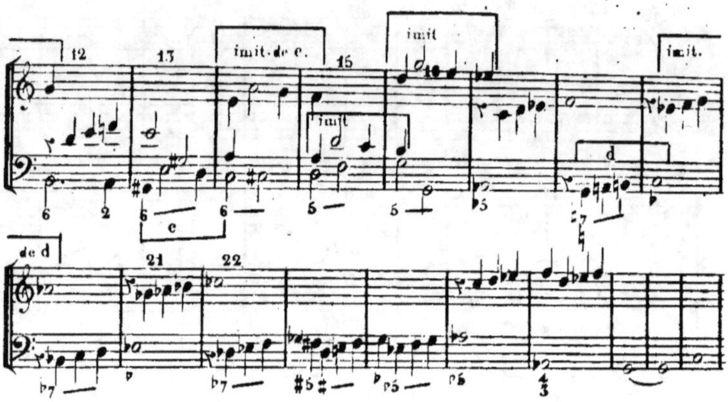

Ici, tout ce qui pouvait tendre à vicier la réalisation a été soigneusement évité, tels sont:

1° les chutes mauvaises sur la 5te, l'8ve et l'unisson.

2° les intervalles mélodiques défectueux (2de et 3me qualité.);

3° les mouvements boiteux (l: 1, g^d^. texte, p: 116.);

4° l'imperfection mélodique des parties, qui toutes sont aussi chantantes que pouvait le permettre chaque mode de réalisation, comme on peut s'en convaincre en les vocalisant ou en les jouant sur un instrument quelconque. Ajoutons à cela, une notation presque entièrement au 1er degré de pureté et de plénitude (l: 1, g^d^ texte, p: 107.), et l'abondance des retards (accid^ts^ +) qu'on a multiplié dans les deux derniers exemples conformément aux exigences d'école.

Nous terminons ici ce petit livre, trop étendu peut-être pour un abrégé, mais point assez pour la nouveauté des systèmes qu'il renferme, systèmes entièrement développés d'ailleurs dans les trois premiers livres de notre harmonie-complète. (Pour l'instrumentation, les parties scientifiques et scéniques, v: le 4me et le 5me livre de ce même ouvrage.).

Quant aux *Principales*, comme on en trouve d'abondants recueils et qu'il est d'ailleurs préférable de les emprunter à des auteurs divers, afin de se familiariser avec toutes les rubriques, nous nous dispensons d'en augmenter le nombre, et renvoyons les élèves aux intéressantes collections que nous ont laissé FENAROLI, SALA, CHORON, COLLET &. Elles sont connues sous le nom de *partimenti*, basses ou chants d'école.

www.ingramcontent.com/pod-product-compliance
Lightning Source LLC
LaVergne TN
LVHW021457170726
843501LV00005B/1714